VANI MOREIRA KENSKI

TECNOLOGIAS E TEMPO DOCENTE

PAPIRUS EDITORA

Capa	DPG Editora
Foto de capa	Rennato Testa
Coordenação	Ana Carolina Freitas
Copidesque	Maria Lúcia A. Maier
Diagramação	DPG Editora
Revisão	Daniele Débora de Souza, Isabel Petronilha Costa e Julio Cesar Camillo Dias Filho

Dados Internacionais de Catalogação na Publicação (CIP)
(Câmara Brasileira do Livro, SP, Brasil)

Kenski, Vani Moreira
    Tecnologias e tempo docente/Vani Moreira Kenski. – Campinas,
SP: Papirus, 2013. – (Coleção Papirus Educação)

    Bibliografia.
    ISBN 978-85-308-0970-6

    1. Educação a distância 2. Ensino superior 3. Professor –
Formação 4. Tecnologia educacional I. Título. II. Série.

12-11465   CDD-371.33

Índice para catálogo sistemático:

    1. Tecnologias de ensino: Educação   371.33

1ª Edição – 2013
5ª Reimpressão – 2025
Tiragem: 40 exs.

Exceto no caso de citações, a grafia deste livro está atualizada segundo o Acordo Ortográfico da Língua Portuguesa adotado no Brasil a partir de 2009.

Proibida a reprodução total ou parcial da obra de acordo com a lei 9.610/98.
Editora afiliada à Associação Brasileira dos Direitos Reprográficos (ABDR).

DIREITOS RESERVADOS PARA A LÍNGUA PORTUGUESA:
© M.R. Cornacchia Editora Ltda. – Papirus Editora
R. Barata Ribeiro, 79, sala 316 – CEP 13023-030 – Vila Itapura
Fone: (19) 3790-1300 – Campinas – São Paulo – Brasil
E-mail: editora@papirus.com.br – www.papirus.com.br

Para a Papirus Editora, em seus 30 anos.

Para todos os professores.

SUMÁRIO

INTRODUÇÃO 9

PARTE I
O TEMPO BUSCADO, RELATIVIZADO E REDEFINIDO

1. OS TEMPOS E OS MOVIMENTOS 21
   Novos quadros temporais 24
   Tempo homogêneo e tempo flexível: Urgências 28
   Tempos tecnológicos e tempos do trabalho 35
   Medidas de tempo, trabalho e tecnologias 37

2. TECNOLOGIAS, VIDA CONTEMPORÂNEA E ORGANIZAÇÃO
   TEMPORAL 41
   O tempo relativizado, a partir de Castells 44
   Novas identidades temporais 49
   O ser e as novas lógicas temporais mediadas 50

3. ORGANIZAÇÃO TEMPORAL NA EDUCAÇÃO ESCOLAR 53
   Tempos de formação e de ação 53
   Tempo remunerado e não remunerado de dedicação docente 56
   Novas temporalidades na educação on-line 60

4. TEMPOS TECNOLÓGICOS E UMA NOVA CULTURA
   DE ENSINO E APRENDIZAGEM 61
   Nova cultura com as tecnologias digitais 61
   Avanços e dificuldades para o acesso à cultura mediada 63
   Vivências nas redes 67

5. USOS DAS TECNOLOGIAS NO ENSINO SUPERIOR 69
   Desafios das tecnologias para o ensino superior 72
   Convergências no ensino superior: Presencial e a distância 77

PARTE II
TEMPORALIDADES NA FORMAÇÃO DO DOCENTE

6. NOVOS TEMPOS DE FORMAÇÃO DOCENTE 85
   Temporalidades dos cursos de formação de professores 90
   Urgência de mudanças nos tempos e nos movimentos de formação 91
   Em busca do tempo perdido 93
   Novos tempos de formação docente 95
   Formação docente e tecnologias digitais 98
   A formação de profissionais em constante mudança 101
   A função da educação escolar nessa nova sociedade 102
   A formação docente em uma sociedade informatizada 103

7. NOVOS DESAFIOS DA EaD PARA A FORMAÇÃO DE
   PROFESSORES 109
   Formação de professores para EaD 113
   Formação de professores pela EaD 116
   Novas temporalidades e ações para o docente 118

8. TEMPORALIDADES DOCENTES NOS AMBIENTES VIRTUAIS 121
   O domínio dos ambientes virtuais pelos docentes 121
   Temporalidades dos ambientes ou dos participantes? 126

9. ERAS DIGITAIS E AÇÕES ABERTAS DE ENSINO E FORMAÇÃO 129
   Novos tempos e velhos cursos on-line 131
   Processo aberto de formação: Um encaminhamento 133

REFERÊNCIAS BIBLIOGRÁFICAS 147

APÊNDICE 169

INTRODUÇÃO

Este livro está diretamente ligado às minhas relações com os tempos nos últimos anos. Tempos mesmo, no plural. Múltiplos, apressados, urgentes, difíceis... escassos. Em meio a tarefas e compromissos, prevaleceu a vontade de expressar em um livro minha preocupação em dizer a forma pessoal com que os tempos são redimensionados na vida cotidiana e profissional, no exercício de diferentes papéis docentes.

Ele também é resultado dos muitos anos em que venho pesquisando e desenvolvendo atividades mediadas pelas tecnologias digitais na educação. Todas as pesquisas e produções têm como foco a busca por metodologias e procedimentos que garantam melhores condições de aproveitamento dessas tecnologias em atividades educacionais. Este livro é mais uma contribuição em continuidade a essa trajetória.

Um aspecto que contribuiu para a definição deste caminho de pesquisa e, por consequência, do presente livro, foi me colocar diante do problema do desencontro entre a formação do docente – centrada na sua atuação em espaços presenciais formais de escolarização – e as necessidades de habilidades, atitudes, valores e, sobretudo, conhecimentos, que os novos espaços profissionais demandam.

Com a internet, o acesso a conteúdos se banalizou. A leitura de assuntos complexos, no entanto, não garante ao leigo a aprendizagem. Recursos tecnológicos diferenciados também não possibilitam o domínio pleno do conhecimento em áreas específicas. O diferencial não está, portanto, na oferta massiva e indiferenciada de conteúdos, nem no uso de sofisticados meios digitais, simplesmente. É preciso mais.

É preciso que um novo profissional docente – conhecedor profundo das inter-relações pedagógicas, psicológicas, políticas e tecnológicas nas atividades de ensino e aprendizagem – esteja presente para dimensionar, programar e orientar com habilidade a produção de ações educativas que vá ao encontro das necessidades de formação continuada das pessoas em diferenciados caminhos.

Essas inquietações levaram-me a um movimento prévio, e não menos significativo, relacionado ao uso do tempo na profissão docente. Preocupação constante com o uso do meu tempo, do tempo dos meus alunos e orientandos – todos também professores em diversos níveis e modalidades – e de tantos outros profissionais que atuam na educação. Preocupação que virou desafio e necessidade de reflexão mais aprofundada para compreender as inúmeras facetas dessa realidade e que virou tema de pesquisa e estudo, sem deixar de ser uma preocupação cotidiana.

Algumas constatações evidenciaram-se no decorrer do estudo. Uma delas é que o tempo dedicado pelos professores ao exercício de sua profissão, em sua nova versão, com o emprego frequente dos meios virtuais de interação e comunicação, é um dos aspectos mais evidentes da dificuldade de incorporação de múltiplas funções em um único docente. O trabalho é enorme para o planejamento, a produção e o oferecimento das atividades educacionais mediadas. O tempo é escasso. Sem compartilhamento, atuação em equipe e colaboração, torna-se impossível o desenvolvimento de ações de qualidade.

Os formatos arcaicos de contratação dos docentes não preveem o excesso de trabalho que as mediações tecnológicas impõem. Cada vez mais professores dedicam um número maior de horas extras para desempenhar as atividades docentes mediadas, sem perceber o quanto a mais de trabalho realizam. Dedicam muitas horas a mais do que sua jornada oficial de trabalho para cumprir tarefas de ensino, pesquisa, comunicação e interação com os alunos, com os espaços administrativos de suas unidades, e, ainda assim, isso não é suficiente.

Isolados, com cargas cada vez maiores de trabalho, conectados em dias e horários de folga ou afastamento, os professores ainda investem em cursos de atualização e equipamentos cada vez mais velozes, *em busca do tempo perdido*.

Em uma nova versão do momento prévio à Revolução Industrial, professores deixam de lado seus avanços em relação à legislação trabalhista (férias remuneradas, jornada diária, descanso semanal, licença sabática etc.) e entram em um movimento cada vez mais veloz de ações e atribuições docentes, não remuneradas e excedentes.

A indiferenciação dos tempos pessoais e profissionais (e, dentro destes, o tempo do pesquisador, do produtor, do orientador e do professor) provocada pelo excesso de trabalho e pelas facilidades providas pelas tecnologias digitais mostra a necessidade de refletir e definir melhor sobre a ação destas na mudança da organização do tempo docente e dos docentes.

Novas formas de ação docente precisam ser utilizadas para diminuir o fardo ampliado de compromissos desses profissionais. A formação de professores já deve mostrar novos caminhos que utilizem as possibilidades das tecnologias digitais para a organização da função e a partilha da atuação, em equipes.

Este livro reflete esses estudos, a minha experiência e as ideias de inúmeros pensadores sobre as mudanças ocorridas nas temporalidades dos docentes e das organizações de ensino com a popularização das novas tecnologias.

O tempo estudado é o tempo vivo e determinado na ação diária e semanal do professor para cumprir com seus múltiplos compromissos profissionais diante dos alunos, da instituição de ensino, da sociedade e de si mesmo.

Outra concepção de tempo também trabalhada neste livro diz respeito às questões que definem os tempos não apenas de ensinar, mas também de aprender. Nesse sentido, dedicam-se esforços de reflexão para compreender os tempos de aprender a ser professor nessa nova realidade e os conflitos que ocorrem entre o tempo previsto pelas estruturas e organizações de ensino e os tempos de aprender postos em prática nas ações mediadas.

Como diz o pesquisador francês Aniko Husti (2005, p. 8), o tempo é fundamental para o ensino.

> O tipo de estrutura temporal utilizada, a organização da jornada diária e do ano escolar, o ritmo e a progressão das matérias ensinadas são reflexos fiéis e exatos dos princípios pedagógicos, psicológicos, biológicos, sociológicos do ensino. As ligações são profundas entre método, divisão dos conteúdos e forma de emprego do tempo. O emprego do tempo, como ponto de convergência de uma concepção de ensino, é o último bastão a tomar; ou o primeiro, para começar um processo de transformação em cadeia.

Essa transformação em cadeia é o ponto que neste estudo priorizei em relação à definição da ação do docente na atualidade.

As mudanças nas formas de trabalho desses profissionais – além das tensões provocadas pela necessidade sentida de "atualização" e formação continuada; a formação para a atuação em equipes junto com outros profissionais, envolvidos no oferecimento de cursos e disciplinas em diferenciados espaços e tempos; e a forma como todo esse movimento se articula na redefinição dos currículos dos cursos de formação de professores – são categorias privilegiadas aqui.

Os aprofundamentos permitidos por minhas pesquisas anteriores mostraram que o uso do computador e, sobretudo, da internet propicia um novo tipo de apropriação e uso do tempo para a ação do docente e para a aquisição de conhecimentos.

As tecnologias digitais provocaram uma verdadeira revolução na compreensão tradicional dos conhecimentos como sequências lineares, estruturadas e previsíveis. O tempo do conhecimento tecnológico é múltiplo e atual. Informações são acessadas ao mesmo tempo, sem cronologia, sem sequência, sem hierarquia.

Por outro lado, os cursos de formação docente seguem – como a maioria dos cursos superiores – a organização estrutural, seriada e de complexidade crescente proposta em seus currículos. A relação temporalmente indiferenciada de acesso e manipulação das informações na internet dificulta a convergência entre a hierarquia dos conteúdos curriculares e a apropriação dos saberes.

O meio digital viabiliza velocidades múltiplas de acesso, organizações flexíveis de bases de conhecimentos e articulações entre as diferentes áreas do conhecimento. Apropriadas pedagogicamente, essas funcionalidades facilitam a criação de disciplinas e cursos com finalidades específicas e favorecem novos tipos de encaminhamentos para suprir necessidades sociais e culturais emergentes ligadas às novas e breves "profissões" e ações.

As especificidades dessa nova cultura digital colocam-se como desafios para a formação de professores e para a sua atuação profissional. Como formar professores para os novos cursos e para os novos perfis de formação e ação que a sociedade exige? Como agir pedagogicamente em todos os níveis e todas as áreas do saber para desenvolver cursos que sejam adequados a essa nova realidade? Como ensinar e aprender conteúdos em constante movimento de atualização?

O desafio gigantesco que aí se postula para todos os docentes está na construção e na organização de um tempo móvel, permeável, personalizado, que possa garantir elasticidade suficiente para atender às necessidades de cada aprendiz em suas relações com os conhecimentos e com as tecnologias.

A escola deve assegurar essa aprendizagem do tempo, "do tempo móvel", como diz Husti (*ibid.*, p. 11).

No entanto, a incorporação do tempo móvel deve ser precedida pela compreensão das novas formas de percepção temporal dos alunos e pela conscientização e organização do tempo de ensino da escola. Nesse sentido, é importante rever a distribuição da carga horária dos cursos e o estabelecimento de novos cálculos dos tempos de trabalho dos docentes.

Em relação a estes últimos, há que considerar, por exemplo, as atividades de docência presencial e *on-line*; o tempo de investigação e de busca na *web*; o tempo de planejamento, produção e preparação de suas disciplinas; o tempo de oferecimento e interação com os alunos e demais participantes dos cursos e os tempos paralelos de avaliação de todo o processo, entre outros aspectos.

As instituições educacionais consideram em geral como "carga didática", ou seja, o período no qual o docente é remunerado pelo seu trabalho, apenas o tempo em que o professor está presencialmente com seus alunos em sala de aula.

Na atualidade, com as múltiplas formas de interação e de articulação entre professores e alunos via ambientes virtuais, listas, *e-mails*, *chats* e outras maneiras síncronas e assíncronas de comunicação, como calcular o tempo do docente? Como calcular o tempo das disciplinas? Como calcular o tempo necessário para aprender?

Como os professores se distribuem ou se articulam para realizar atividades de ensino *on-line*? Como convergir a formação desses múltiplos profissionais para garantir o que mais desejamos: que os alunos aprendam, e bem, o que somos capazes de ensinar?

Um dos pontos mais presentes, descobertos nas pesquisas e ações que realizei, é que os professores se esforçam de forma isolada para atender às necessidades propostas pelo ensino *on-line*. Da mesma forma como atuam solitários nas aulas presenciais, os professores se fecham "em si", para a viabilização de suas aulas nos AVAs.

O ambiente virtual, em muitos casos, assume poderes e domínios em relação ao docente que os ameaça e os diminui. Inversão total do processo educativo, a "tecnologia" é mais importante do que o processo que leva à aprendizagem. Na solidão de suas relações com técnicos e tecnologias, o professor submerge e se submete.

Plenos de possibilidades comunicativas e interativas, os ambientes virtuais não são pensados pelos docentes como formas de articulação e reflexão conjuntas que podem levar ao fortalecimento da docência, em defesa da qualidade da aprendizagem, e ao melhor uso das tecnologias disponíveis para isso. Ligados à cultura escolar tradicional – de atuação solitária e avaliação por meio de parâmetros que não diferenciam seus esforços pessoais para melhor desempenho e dedicação –, os professores dificilmente conseguem se pensar e se articular como equipes de docentes.

Isolados e solitários, cumprindo ações muito além de suas jornadas, os professores percebem que, para a reformulação das condições de ensino, não basta a mudança em suas formas de atuação. São necessárias também mudanças estruturais nos currículos, na administração, na organização do trabalho e na hierarquia de poderes que permeiam todas as esferas educacionais.

Modelada ainda de acordo com a cultura industrial do final do século XIX, a educação escolar vigente em todos os níveis já não corresponde às expectativas de uma sociedade e de uma cultura que, dois séculos após, estão orientadas pelas demandas dos setores terciários da economia.

Flexibilidade, mobilidade, personalização de caminhos, atendimento às necessidades individuais são apenas aspectos gerais das novas demandas educacionais, mais coerentes com as múltiplas temporalidades vigentes na atualidade.

As alterações necessárias na realidade educacional mediada englobam ações em que se mesclam os aspectos trabalhistas (como, por exemplo, a valorização personalizada do desempenho; a atuação docente diferenciada em espaços e tempos diversos, entre outros), a formação e a permanente atualização para a compreeensão das novas tecnologias disponíveis e das novas a temporalidades docentes (que recaem sobre os seus variados papéis) e para o desenvolvimento, em equipe, de cursos e disciplinas mediadas pelas tecnologias.

Ao se distribuir a função do professor em múltiplos "papéis", não se diminui o valor do docente, ao contrário, se amplia. Coerentemente à realidade presente na sociedade contemporânea, a distribuição de encargos em um processo integrado, colaborativo e convergente de ações orienta todos para o desenvolvimento de uma melhor formação.

Novos tempos e temporalidades. Na vida pessoal essas realidades já foram incorporadas, mesmo quando não tomamos consciência dessas mudanças.

Na vida do profissional da educação elas já se fazem presentes, sem que haja a necessária mudança estrutural nas condições de trabalho e na organização do processo escolar. Ainda há muito que aperfeiçoar. Um primeiro passo é a tomada de consciência sobre essas mudanças e suas repercussões no trabalho do professor. Esse é um dos muitos temas que permeiam o presente livro, o qual está organizado em duas partes.

Na primeira, "O tempo buscado, relativizado e redefinido", destaco algumas reflexões sobre as concepções de tempo vigentes em culturas e sociedades distintas, assim como as mudanças ocorridas com a informatização da sociedade e, particularmente, com organização temporal das escolas de todos os níveis e modalidades.

No Capítulo 1 reflito sobre os novos quadros temporais e sobre a supervalorização das urgências na organização dos tempos pessoais e profissionais. O Capítulo 2 é dedicado às alterações que as tecnologias mais avançadas provocam na vida contemporânea e na organização temporal.

O destaque para a organização temporal na educação escolar é feito no Capítulo 3. Nele, o caminho da reflexão segue para a discussão sobre os tempos remunerados e não remunerados de dedicação do docente.

Nos Capítulos 4 e 5 a ênfase é para a nova cultura de ensino e aprendizagem, os desafios das tecnologias e as convergências temporais dos alunos e professores.

A segunda parte do livro é dedicada à reflexão sobre as temporalidades na formação do docente. O Capítulo 6 aborda vários aspectos que caracterizam os novos tempos de formação para os docentes e a urgência de mudanças necessárias para a atuação nas novas realidades mediadas de ensino e aprendizagem. As relações entre a educação a distância e os novos tempos de formação e ação do docente nessa realidade são objetos de reflexão apresentados no Capítulo 7. O Capítulo 8 trata das novas temporalidades dos docentes nos ambientes virtuais.

Para encerrar, no Capítulo 9 apresento processos de aprendizagem flexíveis e abertos que buscam respeitar as subjetividades dos aprendizes. Apresento também alguns exemplos de recursos que podem auxiliar professores (e instituições) na orientação e na continuidade de suas formações de forma personalizada, segundo suas disponibilidades. São recursos que viabilizam a criação de ofertas abertas de formação, a orientação de caminhos possíveis de acordo com os tempos de ensinar e aprender da pessoa, que é também professor. Preocupa-me neste momento chamar a atenção, não para a definição de caminhos pré-direcionados, mas, ao contrário, para o respeito aos interesses e às necessidades pessoais de atualização e formação.

Garantir uma educação de alto nível a todos os docentes – para que eles movimentem a roda do tempo, ampliando infinitas vezes as possibilidades de ensinar com qualidade a todos, indistintamente – é a aspiração maior de todos os educadores.

Há ainda um Apêndice com alguns casos colecionados durante o processo de construção do texto e que se relacionam com muitos dos temas aqui abordados. A minha ideia ao apresentá-los é a de provocar reflexões e discussões. São questões do cotidiano que podem se referir a situações próximas de qualquer um de nós, em qualquer tempo. Tais casos foram reunidos ao final para que o leitor possa livremente refletir e, se quiser, debater, conversar, pensar em conjunto, relacioná-los com suas próprias histórias e experiências e acrescentar outras...

PARTE I

O TEMPO BUSCADO, RELATIVIZADO E REDEFINIDO

1
OS TEMPOS E OS MOVIMENTOS

Em nossas atividades cotidianas compreendemos que o tempo é um conceito bem flexível. Cada um de nós tem percepções diferentes do tempo, de acordo com nossos interesses, nossas culturas, nossos valores. Há que se concordar com Marques (2008) quando diz que "qualquer definição única que se dê à idéia de tempo é indubitavelmente insuficiente para explicá-lo".

Ao tentar compreender melhor esse conceito, iniciei pesquisa sobre como culturas diferentes concebem o tempo vivido, ou seja, como é para elas as referências sobre o passado, o presente e o futuro como categorias temporais gerais. Nos estudos, encontrei movimentos bem peculiares que quero compartilhar com você, leitor, para iniciarmos essa nossa conversa sobre os múltiplos movimentos compreendidos no tempo.

Aprendi com Núñez e Sweetser (2006), cientistas da Universidade da Califórnia, que as manifestações e representações temporais expressas pelos aymaras, povo que vive em um dos mais altos vales dos Andes, entre o Chile e a Bolívia, são bem peculiares. Para eles, o passado encontra-se à frente, ao passo que o futuro fica para trás. Para Núñez e

Sweetser, eles têm uma compreensão espelhada da passagem do tempo. Em gestos, estendendo os braços para a frente, os aymaras mostraram aos pesquisadores a representação de tudo o que os antecedeu, suas heranças sociais e culturais, o que receberam de seus ancestrais e suas próprias histórias de vida. Apontando para trás, representam o desconhecido, tudo o que ainda vai acontecer, os seus descendentes e todo o futuro.

Muitas vezes, depois que tomei conhecimento dessa concepção de tempo, identifico em movimentos da minha área de estudo essa mesma relação. Algumas disciplinas caminham para o passado conhecido e ignoram o que está por vir. São desenvolvidas para a formação de pessoas para um tempo que já passou e ignoram as transformações vigentes na realidade presente e as tendências que prenunciam o futuro. Não estou sozinha nessa relação. Muitos pesquisadores acreditam que a concepção de tempo identificada entre os aymaras predomina em vários outros grupos, no mundo todo.

George Lakoff, linguista da Universidade da Califórnia, em Berkeley, acredita que há uma forte possibilidade de que outros grupos possam conceber o tempo como os aymaras. Para reconhecê-los, é preciso analisar o conteúdo de suas falas, sobre a maneira como percebem o tempo. "A pista está na linguagem", diz George Lakoff em entrevista a Laura Spinney (2005).

É por meio da linguagem que o homem representa simbolicamente suas crenças, seus valores e toda a realidade que o cerca. Na obra *Metáforas da vida cotidiana* (2002) Lakoff e Johnson dizem que o melhor caminho para o conhecimento das concepções de povos em diferentes culturas se dá por meio da linguagem. Pela linguagem é possível identificar a forma como diferentes grupos veem o presente, o passado, o futuro e tantas outras coisas.

As ideias de Lakoff e Johnson (*ibid.*) os aproximam das ideias de Derrick Kerckhove (1997), da Universidade de Toronto, Canadá, quando consideram o valor da linguagem e o quanto as aprendizagens da leitura e da escrita alfabética influenciaram a relação com o tempo e o espaço nas sociedades alfabéticas ocidentais. Um exemplo disso, segundo

Kerckhove, está na percepção espacial do tempo na cultura ocidental, totalmente influenciada pelos processos alfabéticos.

Quando nos referimos ao lugar em que situamos o passado, diz Kerckhove, o colocamos sempre no local em que começa a escrita, na esquerda. Já o futuro, assume "o lugar para onde corre a escrita, ou seja, para a direita" (1997, p. 53).

A aquisição dessa percepção espaçotemporal não se deu ao acaso. Ela foi desenvolvida ao longo do tempo, na evolução dos procedimentos tecnológicos para a apropriação de um modelo de escrita, em permanente mutação ao longo da história da civilização ocidental.

Ao pesquisar a criação da escrita no mundo ocidental, Kerckhove revela que, quando os gregos antigos criaram o alfabeto, por volta de VIII a.c., eles mudaram a direção da escrita do modelo fenício – da direita para a esquerda – para a direção oposta, da esquerda para a direita, a que estamos habituados (1997, p. 60). A banalização dessa mudança repercutiu significativamente em todos os nossos sistemas de representações espaciais e temporais.

A aprendizagem da leitura e da escrita, adquirida na infância, na formação do sujeito, afeta a sua organização da linguagem e do pensamento, diz Kerckhove. A incorporação da escrita alfabética na cultura tem efeitos não apenas no enquadramento do cérebro (e, consequentemente, nas formas de pensar, sentir e agir, nos valores, nas crenças e nas percepções espaciais e temporais), mas no enquadramento do mundo.

Citando McLuhan, Kerckhove (*ibid.*) diz que a percepção alfabética cria uma nova representação para o mundo e tudo o que ele contém, que é apreendida a partir da relação espaçotemporal da escrita.

A leitura do mundo é feita de forma diferente entre os alfabetizados e os não alfabetizados. A linearidade do texto se incorpora como prática que orienta o olhar para a percepção de tudo o que se apresenta sob a forma de textos, imagens, pessoas, espaços e tempos.

Essas diferentes apropriações espaçotemporais estão muito presentes na maneira como nos apropriamos dos mais diversos textos, imagens e produções midiáticas. Na maioria das vezes, "lemos" imagens. Procuramos legendas e notas que nos ajudem a compreender fotos, gráficos e tabelas.

Se utilizássemos da mesma estranheza com que analisamos a concepção temporal dos outros povos para avaliarmos as nossas próprias concepções e práticas temporais, identificaríamos o quanto elas se apresentam de forma restrita e culturalmente "domesticada".

Novos quadros temporais

Em meados do século passado o filósofo Theodor Adorno escreveu em *Minima moralia* um pequeno trecho em que reflete sobre a relação memória-esquecimento presente na visão da "criança que regressa das férias". Nele, o autor fala do deslumbramento inocente e da sensação de novidade e leveza que invade o espírito infantil ao redescobrir quartos e aposentos de sua moradia depois da longa ausência.

Inspirada no texto do filósofo, aproveito para refletir sobre o retorno à escola, depois das férias. A emoção ingênua do reencontro com prédios, pessoas e materiais que parecem renovados aos olhos descansados. Até mesmo as velhas marcas e defeitos – nas pessoas e nas coisas – são vistas com complacência e sorrisos. Em todos há a expectativa pelo que vai haver de novo, a disposição do recomeço, um momento muito diferente dos últimos dias letivos, com seus exames e obrigações.

Ao tempo das férias, contrapõe-se o tempo da escola. O tempo das férias também se opõe ao tempo do trabalho. Nas três concepções, estão presentes relações determinadas entre espaços e tempos definidos, lugares (escola e trabalho) e não lugares (férias) que representam a forma como habitualmente distribuímos os ritmos de nossa vida na sociedade.

Essas representações se diferenciam de muitas outras concepções atribuídas às categorias de tempo e espaço. Sendo concepções fundamentais, que definem e determinam as relações desde o início da civilização ocidental, as categorias tempo e espaço são criações do homem e em cada momento definem formas diferentes de ver a realidade.

Assim, as relações tempo e espaço têm uma conotação diferente quando se referem ao ritmo da natureza física, em todos os seus desdobramentos. O ritmo da natureza, com sua previsibilidade e continuidade, diferencia-se das relações espaçotemporais existentes no ritmo biológico, que define os ciclos de todos os seres vivos. Essas concepções diferem das múltiplas formas como o tempo e o espaço são referenciados nos processos desencadeados pelas tecnologias.

Steven Rose (1994) diz que cada época é determinada pelo tipo de tecnologia predominante. Assim, denominações como as "idades" da pedra, do bronze, dos metais representariam momentos na história da humanidade em que foram desenvolvidas tecnologias inovadoras para a plena utilização desses materiais.

Assim também, Paul Virilio (1996) nos diz que, em tempos mais modernos, o desenvolvimento dos motores (a vapor, a explosão, elétrico, o foguete e o informático) introduz visões diferentes da realidade e modifica as concepções de tempo e espaço existentes.

A aceleração de tempo e espaço sentida na atualidade é reflexo do próprio ritmo imposto pelo uso ampliado das mais novas tecnologias. Não há mais, diz Virilio (1996, p. 37), "o aqui e o ali, somente a confusão mental do próximo e do distante, do presente e do futuro, do real e do irreal, mixagem da história, das histórias, e da utopia alucinante das técnicas de informação".

As concepções sociais de tempo e espaço, ao contrário do que se poderia supor, são construções humanas que respondem às necessidades civilizatórias existentes em cada época. Necessidades de configuração da realidade, que impõem à vida determinadas coordenadas de tempo e espaço, de acordo com os valores e as percepções sentidos e vividos no momento.

Ainda que as percepções de tempo e espaço sejam sentidas de formas diferenciadas pelas pessoas, a civilização trouxe a necessidade de utilização de parâmetros comuns para defini-las e computá-las. Concepções de tempo e espaço foram regulamentadas oficialmente de maneira precisa.

Medidas mundiais definem tempos e determinam espaços concretos. Partindo das premissas das sociedades agrícolas, comerciais e industriais que nos precederam, essas medidas foram consideradas obedecendo-se às características existentes nas linhas de produção. Por meio dessas determinações, as sociedades contemporâneas orientam seus ciclos, seus tempos definidos pelos relógios e calendários e seus espaços públicos e privados de vida.

O tempo e o espaço configurados internacionalmente são definidos por parâmetros externos que se qualificam pela linearidade, pela constância e pela regularidade. Assim, por meio de medidas de precisão, são determinados os dias, as horas e os minutos, de acordo com os espaços – definidos em coordenadas, paralelos e meridianos – ocupados por algum lugar neste planeta.

Essas convenções espaçotemporais organizam nossa vida e movimentam todas as relações sociais, econômicas, políticas, culturais e familiares entre pessoas, empresas e governos, em todo o mundo. Sei agora, neste exato momento, que horas são na cidade onde mora minha amiga, na Itália. Posso calcular o horário (sem os atrasos rotineiros, é claro) em que o avião que sai esta noite do aeroporto de Guarulhos deverá chegar à Cidade do Cabo, na África do Sul.

Essas medidas e esses cálculos nos dão segurança e previsibilidade. Tornam nossa vida menos incerta. Podemos fazer planos, agendar compromissos, marcar nossas férias, programar nossa vida. Sabemos, no entanto, que o tempo e o espaço não se reduzem a essas coordenadas.

Eles são maiores e mais complexos do que aquilo que representam essas medidas. Na atualidade, o tempo e o espaço – por representarem formas como tentamos ordenar a realidade que nos rodeia – são tão incertos quanto nossa vida.

Os conceitos tradicionais de tempo e espaço – e a forma estruturada como são contabilizados – não informam sobre a complexidade são percebidos. A ciência tradicional considera o tempo e o espaço categorias distintas. O espaço é visto pela delimitação de um determinado ambiente físico, um território. O tempo é considerado um processo, um movimento que se define em categorias – tais como presente, passado e futuro – e em duração.

A velocidade com que ocorrem as transformações na atualidade e todas as possibilidades tecnológicas comunicacionais existentes nos levam à necessidade de compreender e interpretar a realidade alterada em que vivemos.

O modo previsível e linear com que a vida aparentemente se desenvolvia no passado recente correspondia a um momento sociotecnológico em que a compreensão da realidade era identificada com os processos que ocorriam na sociedade industrial. As máquinas e fábricas regiam os tempos e a forma de compreender o tempo e o espaço. Os tempos eram definidos e certos como os períodos das aulas e das férias da criança de Adorno, referida no início do capítulo.

O tempo vivido era incorporado como um *continuum* natural em que as fases se sucediam progressivamente. Infância, adolescência, juventude, maturidade e velhice eram processos sucessivos que ocorriam na vida, semelhantes ao movimento dos ponteiros de um relógio ou das estações do ano.

As tecnologias digitais introduzem uma nova dinâmica na compreensão das relações com o tempo e o espaço. A velocidade das alterações, que ocorrem em todas as instâncias do conhecimento e que se apresentam com o permanente oferecimento de inovações, desequilibra a previsibilidade do tempo do relógio e da produção em série. O mundo se acelera, o avanço frenético das descobertas científicas impulsiona a produção e o consumo de novas formas de vida, permeadas pelas tecnologias. Novos avanços em pesquisas relativizam os conhecimentos anteriores. Tudo se torna descartável, passível de ser superado rapidamente. Prevalece a lógica do efêmero, do pontual.

"Aqui e agora" é a forma de percepção da vida e do mundo. É a forma expressa da compreensão da realidade como fusão espaçotemporal. Estar ao mesmo tempo em muitos espaços e em muitos tempos – esta é a possibilidade que a tecnologia apresenta na atualidade. A capacidade divina da ubiquidade se banaliza e passa a ser atributo das redes de transmissão de dados e das tecnologias digitais de informação e comunicação. O acesso e o uso da internet, da televisão e de todos os tipos de dispositivos móveis de comunicação estão distribuídos por toda a parte e disponíveis a todo momento.

Orientados por essas funcionalidades oferecidas pela lógica digital, tornam-se banais o acesso e o convívio com muitas outras realidades, tempos e espaços diferenciados. Relativizam-se noções como "perto, longe", "ontem, hoje ou amanhã". Passado, presente, futuro. A possibilidade de se estar ao mesmo tempo em muitos tempos-lugares exige a necessidade de reorganização da vida cotidiana. A forma acelerada com que se vive na atualidade leva à indistinção entre os tempos e espaços vivenciais, entre os tempos e espaços de trabalho e lazer.

Vivendo na nova lógica espaçotemporal, as pessoas se sentem permanentemente "fora do tempo". Algo se lhes escapa. A complexidade da vida se instala e todos assumem muitos compromissos e papéis ao mesmo tempo e em diferentes espaços. Estar fora do tempo e do espaço passa a ser uma situação comum a que todos se submetem.

Tempo homogêneo e tempo flexível: Urgências

A sociedade letrada conseguiu enquadrar o tempo em uma concepção operacional e restrita, da qual muitas outras temporalidades escapam. A concepção linear de tempo nos aprisiona em suas limitações. Calendários, relógios, cronômetros e agendas encarceram nossa vida em espaços segmentados, idênticos, sequenciados e contínuos.

Não vivemos o tempo, antes, o contamos. Não sentimos suas nuances e diferenças no caminhar das estações, antes, estamos presos a um tempo finito, determinado, fechado, organizado, artificial e pretensamente igual.

Em um artigo, no qual aborda brevemente a interlocução sobre a teoria da relatividade de Albert Einstein e a concepção de tempo do filósofo francês Henry Bergson, Márcio Barreto (2005, s.p.) indica que este último autor considerava o pretenso tempo homogêneo uma ficção, "pois não há um ritmo único da duração; é possível imaginar muitos ritmos diferentes, os quais, mais lentos ou mais rápidos, mediriam o grau de tensão ou de relaxamento das consciências, e desse modo fixariam seus respectivos lugares nas séries dos seres".

Não nos acontece, diz Bergson (*apud* Barreto 2005), "perceber em nós mesmos, durante o sono, duas pessoas contemporâneas e distintas, sendo que uma dorme alguns minutos enquanto o sonho da outra dura semanas?".

Agnes Heller contribui também para a nossa reflexão sobre a importância da organização e da distribuição do tempo. Segundo a autora (1977, p. 390), "o tempo não 'caminha' nem veloz nem lento: todo fato é igualmente irreversível. Pelo contrário, o ritmo do tempo muda notavelmente segundo os períodos históricos". Para Heller, "a vida, portanto, deve ser 'reogarnizada' frequentemente. Esta reestruturação diz respeito, principalmente, ao conteúdo, mas muitas vezes atua sobre o próprio ritmo da vida" (*ibid.*).

O pensamento de Heller nos leva a refletir com maior propriedade sobre a aceleração do ritmo, e não do tempo, na vida cotidiana atual. A mundialização da cultura pelo avanço dos meios de interação e comunicação global neste segundo milênio alterou significativamente o ritmo acelerado de nossa existência. Somos múltiplos e temos muitas temporalidades.

Na atribulada vida que a sociedade tecnológica nos oferece fica bem clara essa pluralidade de tempos e movimentos. Quanto mais nos conscientizamos de nossas multiplicidades, mais nos distanciamos das concepções e dos sentidos tradicionais de tempo.

Em uma *webconferência* que realizei em agosto de 2012, estava conversando com professores situados em diferentes locais no Brasil e na Europa (Inglaterra e Portugal) sobre o uso de recursos abertos, ambientes virtuais e estilos de aprendizagem. Usamos um novo tipo de debate *on-line* – *webinar*[1] – em que foram utilizados diversos recursos

---

1. *Webinar* é a combinação das palavras *web* e *inar*, de *seminar* em inglês, ou seminário. Refere-se a evento *on-line* com o uso simultâneo de recursos como as

e mídias sociais sociais (Facebook, Twitter, *blog*, *e-book* e a própria *webconferência*), todos juntos em momentos síncronos e assíncronos, antes, durante e depois da atividade. O ambiente virtual e os técnicos que cuidavam da manutenção estavam em Londres, na Open University, cuja diferença de horário em relação a São Paulo é de quatro horas. O encontro foi iniciado às 13 horas (de Brasília) e encerrado às 14 horas. Ao mesmo tempo em que, em São Paulo, iniciávamos a jornada vespertina, em Londres e Lisboa, o expediente estava encerrado. Para eles, já era noite ainda que o sol de verão iluminasse as duas cidades.

A necessidade de estruturação temporal, enfatizada por Heller, é uma questão de organização que corre em paralelo aos movimentos de cada momento. A compreensão operacional do tempo nos leva à incorporação social de metáforas, muitas vezes articuladas com metáforas sobre espaço. Linhas imaginárias, calendários, agendas e relógios delimitam nossas formas de lidar com o tempo.

A sensação de movimento que dedicamos ao tempo, por exemplo, é também assim "percebida por muitas das culturas e linguagens alfabéticas e não alfabéticas orientais e ocidentais, incluindo o inglês, mas também linguagens tão diversas como o hebraico, o polynesio, o japonês e o bantu" (Spinney 2005, s.p.). Para todos esses povos, o tempo flui de um ponto a outro, do presente em direção ao futuro.

Mas nem todos os povos pensam assim. Por exemplo, em pesquisa feita por Lakoff e Johnson (2002) entre os índios algoquins, do Canadá, descobriu-se que, para eles, o único ponto fixo do universo é a própria pessoa. O espaço circula à sua volta. Todas as pessoas estão em seu próprio tempo e estão livres para usá-lo com a liberdade plena de sua natureza humana.

Ampliando a pesquisa, Lakoff e Johnson (2002) constataram que não somente culturas distintas usam metáforas diferentes para a compreensão do tempo, mas que, em cada idioma, existem diversas metáforas para se referir

---

redes sociais (Facebook, Twitter e LinkedIn) e a possibilidade de acesso em sistemas móveis (celulares e *tablets*).

ao mesmo momento. Em um experimento, pesquisadores perguntaram a alguns ingleses: "Em que dia ocorreria um evento, previsto para acontecer na quarta-feira e que precisou ser movido (*moved*, no original em inglês) em dois dias?". A resposta de metade dos inquiridos foi "sexta-feira", e a outra metade respondeu: "segunda-feira". A ambiguidade do verbo "mover" levou parte dos respondentes a considerar que o encontro foi antecipado, e, para outros, que foi postergado.

Segundo esses mesmos autores, quanto mais restrita for a linguagem, mais restritas serão as metáforas. Isolados do resto do mundo, os aymaras, por exemplo, falam de forma que a mesma metáfora possa ser compreendida precisamente entre eles, mas que se torna de difícil compreensão para os estranhos ao grupo. Em seus gestos e expressões, reforçam a ideia de que o passado – o que veio antes – é o que está diante de cada um. Já o futuro, o que virá depois, só pode estar para trás, no espaço que é impossível de ser visto e que ainda está por vir. Fechados em sua vida grupal, o tempo para os aymaras permanece constante, e os sentidos de mudança e de progresso estão deslocados de suas compreensões temporais.

Na tradição cultural ocidental, herdada dos gregos, sobretudo, o conceito de tempo se articula com movimento e mudança. Há 2.500 anos, o filósofo grego Heráclito nos disse que nunca podemos entrar duas vezes no mesmo rio, porque, quando entrarmos pela segunda vez, o rio – como todo o resto – terá mudado. Não será mais o mesmo. Estaremos em outro tempo, em outro espaço, e seremos também outra pessoa. Nessa concepção, a mudança é, paradoxalmente, a única constante.

Para Toffler e Toffler (2003, p. 22), esta é "uma idéia poderosa, mas até Heráclito precisa de atualização, pois hoje a própria mudança está mudando. Ela está se acelerando. E isso tem enormes conseqüências". Uma delas é uma mudança no modo como pensamos sobre o tempo.

Concordamos com esses autores quando dizem que

ninguém espera que um simples horário de almoço dure 24 horas. E ninguém espera que ele acabe numa fração de segundo. Entramos em um *fast-food* e esperamos ser atendidos e terminar de comer em poucos minutos. Se não é assim, reclamamos. Do mesmo modo, se entramos num restaurante cinco estrelas em Paris, esperamos jantar por um par de horas. Se o garçom tenta nos apressar, ficamos irritados. (*Ibid.*)

Essas "expectativas de duração" são condicionadas socialmente e estão sujeitas à mudança. Nós as aprendemos no convívio social.

Para eles, a impaciência em relação ao tempo despendido para realizar atividades cotidianas é assumida culturalmente como pressão intensa para ultrapassar os adversários nos negócios, na vida pública e na guerra. Não apenas nas formas tradicionais de guerra, mas nas pequenas competições com que nos deparamos a todo instante, em nossa vida. Ser o mais rápido para pegar o melhor assento no ônibus. Ultrapassar os demais carros na estrada ou chegar primeiro para garantir a promoção, sempre para poucos, são ocorrências comuns, estimuladas socialmente. Englobam esses comportamentos os novos ritmos temporais a que estamos submetidos.

A cultura do tempo como movimento e mudança tem sido acelerada em nossa atual civilização urbana a ponto de a expectativa pessoal e social estar voltada para a inovação, o inesperado, que chega cada vez mais rápido. Nesse sentido, privilegiam-se o novo, o jovem, o que está por vir. O futuro confunde-se cada vez mais com o presente, e navegamos em diferentes temporalidades, todas em movimento.

Uma nova antropologia do tempo – propõe François Torrelli (1995) – deve ser pesquisada e compreendida. Uma base essencial que desaloje os sujeitos dos referenciais habituais ligados ao tempo: medidas e gestão de tempo, divisão do tempo de trabalho, calendários etc. Uma pesquisa que nos ajude a apreender a questão do tempo tal qual ele aparece na atualidade, com todos os movimentos, flexibilidades, convergências, superposições e diferenciações.

Essa pesquisa, afirma Torrelli, terá de ser amplamente interdisciplinar, reunindo questões fundamentais postas por outras áreas e ciências (como a psicologia, a neurologia, a filosofia, e outras), tal que a memória, o sentido de passado, presente e futuro, e a própria consciência do ser

32 Papirus Editora

humano na atualidade possam ser pensados, discutidos e trabalhados, em meio aos questionamentos sobre os novos tempos e suas novas temporalidades.

Ao fazer uma retrospectiva sobre os estudos sobre o tempo em uma perspectiva social, Torrelli (*ibid.*, p. 3) lembra que "a questão do tempo é pesquisada desde a origem da escola francesa de sociologia, constituída em torno de E. Durkheim, com M. Mauss e M. Halbwachs, principalmente".

No entanto, o autor considera que, embora a questão do tempo seja bem reconhecida por seus fundadores como uma problemática central das ciências sociais, nenhum autor sistematizou algum estudo que pudesse constituir realmente as bases de uma sociologia ou de uma antropologia do tempo. Segundo ele, vários pesquisadores (P. Bourdieu, E. Durkheim, N. Elias, E. Evans-Pritchard, M. Halbwachs, E.T. Hall, H. Hubert, W. Grossin, G. Gurvitch, M. Mauss, G. Namer, K. Pomian, R. Sue, F. Zonabend etc.) abordaram a questão do tempo na perspectiva antropológica, apoiada sobre dados etnográficos disponíveis sobre o tempo objetivo, quantificável (astros, estações, mundos animal e vegetal, relógios, calendários); o tempo subjetivo (tempo vivido, consciência, memória e identidade); o vocabulário do tempo e "a arquitetura temporal das sociedades" (K. Pomian). Segundo Torrelli, esses estudos, no entanto, não conseguem apreender as concepções, representações e teorias do tempo das sociedades atuais.

Na atualidade, novos estudos sobre o tempo precisam ser elaborados. A velocidade das transformações tecnológicas acelera o ritmo da vida, e um novo elemento se incorpora aos já identificados como fatores determinantes para a análise sobre o tempo (ou os tempos).

O conceito, no caso, é o de urgência, que, de acordo com Giovanni Gasparini (1995), implica a análise de dois aspectos ou dimensões gerais a serem identificados. Para o referido autor, essas duas dimensões remetem aos conceitos gregos clássicos de *khronos* e *kairós*. *Khronos* refere-se à sucessão do tempo, ao tempo eterno e em movimento, ou seja, à sua dimensão quantitativa. A dimensão *kairós* designa o momento favorável, a ocasião propícia, a oportunidade.

Stewart Brand (2000, p. 9) considera que, neste momento, estamos vivendo a "era áurea de *kairós*", ou seja, do momento interior e oportuno, que deve ser aproveitado. A grande ameaça da era *kairós* não está, no entanto, no descontrole e na apropriação subjetiva do tempo. A flexibilidade do tempo na nova era nos encaminhou para o fortalecimento de sua relação com a concepção de urgência.

A urgência de usar melhor o nosso tempo obriga-nos a identificar o que é necessário e o que pode ser adiado, transferido. Ou seja, usamos o nosso tempo de acordo com os nossos critérios de valores e as nossas necessidades. Não mais o tempo linear e previsível comanda os nossos dias, mas, ao contrário, o tempo seletivo de nossos encontros, deveres e obrigações. A urgência transforma nossas relações e interfere em várias instâncias, consideradas por Gasparini (1995, p. 16) como ligadas a três domínios distintos e convergentes. São eles:

- a vida cotidiana – com alternância entre as rotinas e as urgências;
- a vida pública – com os diversos compromissos e o frequente reordenamento das agendas, de acordo com a hierarquia das urgências;
- a vida das organizações – preposicionada para enfrentar situações imprevistas, mudanças, inovações e novas informações.

Gasparini (*ibid.*, p. 17) observa que existem sinais evidentes da mudança ocorrida na sociedade atual em relação à percepção que a urgência vem dominando os nossos tempos. Alguns desses sinais podem ser assim pontuados:

1) as situações de urgência tornam-se cada vez mais frequentes em todos os setores. É preciso distinguir permanentemente o que é urgente do que é muito urgente ou mesmo do que é muito, muito urgente;

2) os meios de responder à urgência também mudam com o auxílio das tecnologias. Elas permitem o deslocamento rápido

da informação, a interação e a comunicação imediatas e a ação instantânea, sobrepondo-se aos limites físicos e espaciais.

No entanto, a urgência, como princípio dominante do tempo atual, nos faz eternos devedores. Seres incompletos. A corrida em busca do tempo perdido prevalece em nossa vida e orienta nossas escolhas. Redefine nossas relações com as demais pessoas e com o trabalho. Mediados pelas mais inovadoras tecnologias, somos reféns da urgência e sentimo-nos intimidados pela ameaça concreta de obsolescência de nossas práticas. Não podemos perder um tempo que nem sabemos mais onde se encontra: no espaço, no futuro, no passado ou no presente que se transforma veloz a todo instante.

Tempos tecnológicos e tempos do trabalho

Se considerarmos as três dimensões fundamentais do tempo do trabalho, ou seja, sua duração, seus ritmos e sua localização entre os demais tempos, percebemos que a urgência se manifesta em todos eles na atualidade. A informatização do trabalho e seu redimensionamento em escala planetária provocam novos desafios e práticas.

Duração – Em relação à sua duração, por exemplo, as tecnologias modernas reduzem o tempo do trabalho para realizar alguma tarefa. No entanto, o número de tarefas a serem executadas por um mesmo profissional aumenta. Ou seja, um único profissional fica ocupado muito mais horas para a realização de muitas tarefas. Um menor número de trabalhadores – situados em espaços e tempos diferenciados – interage permanentemente para produzir muito mais.

Nas mais diversas áreas profissionais, eventos súbitos, inesperados, demandas de última hora podem exigir uma maior disponibilidade do tempo e o emprego de horas complementares.

Por outro lado, as facilidades de interação e mediação dos espaços virtuais ampliam o tempo das pessoas em situação de trabalho. Muitos são os profissionais com jornadas múltiplas, com os mais diversos tipos de trabalho. O tempo *kairós* de flexibilidade não é aproveitado como fruição em seu sentido de desfrute, prazer. A fruição existe em outros sentidos, compreendida como vantagem ou oportunidade para fazer mais, aproveitar mais o tempo para trabalhar. Seja o trabalho remunerado ou não remunerado, compreendido como lazer, esporte e diversão compulsória.

Há mais de 50 anos, o filósofo alemão Günther Anders já identificava essa ampliação da duração do tempo do trabalho quando criticava as formas envolventes com que as mídias consumiam o tempo das pessoas. Dizia ele que, ao terminar a longa jornada remunerada do trabalhador, era o momento de começar sua outra jornada, não remunerada, diante das mídias, que o afastavam do seu tempo, da sua família, de si mesmo. Anders (1994, pp. 138-139) dizia ainda que o que leva o homem a dividir-se fractalmente entre múltiplas atribuições e funções é o medo da autonomia e da liberdade, o medo de se responsabilizar pela articulação do seu espaço de liberdade e de fazer opções.

Ritmo – Intuitivamente todos percebem que as horas despendidas no trabalho não são iguais. Os ritmos são diferentes para diferentes funções. Isso não impede que haja a compreensão geral da agilização do ritmo de qualquer atividade. Velocidade. As metas e os prazos se encurtam cada vez mais e reestruturam os tempos do trabalho. Tempos-limite para a realização das tarefas do dia, da semana etc. são determinados e redimensionam as funções. As frequentes situações de urgência mobilizam as pessoas na tentativa de dominar o tempo, que parece fugir, permanentemente.

Para Aubert (*apud* Borges 2011), do embate entre a urgência e a tentativa de dominar o tempo surge "o indivíduo em tempo real, que funciona no ritmo da economia, um prisioneiro do presente imediato, sem passado nem futuro, incapaz de diferenciar o urgente do importante".

Para Borges (*ibid.*), o celular e a internet, atualmente ferramentas básicas de vida e trabalho, podem ter um aspecto libertador e ao mesmo tempo escravizante, porque permitem que o indivíduo realize trabalhos simultâneos e responda instantaneamente às solicitações sem perda de tempo nas decisões, mas exigem do profissional uma dedicação ininterrupta ao trabalho.

Localização – Em relação à localização do tempo de atividade, ou seja, o espaço que o profissional ocupa com o trabalho no dia ou na semana, há uma tendência, observada durante os últimos anos, de garantir aos trabalhadores maior flexibilidade temporal e espacial. Essa flexibilização, assim como o trabalho em tempo parcial, o trabalho por equipes sucessivas, os horários atípicos e o *home office*, são originários da necessidade de gestão da urgência.

Novas necessidades precisam ser atendidas de forma rápida. A necessidade, por exemplo, de disponibilizar notícias no momento em que o fato acontece (ou de oferecer transportes, alimentos, serviços e produtos em qualquer hora e em qualquer lugar) possibilita que se criem organizações incessantes, que atuam 24 horas por dia o ano inteiro, em todas as áreas de atuação.

O mais preocupante nesse processo é que as pessoas envolvidas nas atividades de urgência nem sempre se dão conta do que fazem, como fazem e por que fazem com os seus tempos. Percebem que seus momentos de lazer ou mesmo seus tempos livres estão cada vez mais escassos. Ocupado, apressado, cumprindo agendas cheias de compromissos, o homem redefine inclusive o tempo despendido para refletir sobre sua própria vida.

Medidas de tempo, trabalho e tecnologias

Cada época, cada povo, cada pessoa constrói, pouco a pouco, a sua própria ótica temporal. Essa ótica é construída culturalmente e influenciada pelo tipo de atividade exercida e pelas tecnologias disponíveis e incorporadas na cultura. O desenvolvimento tecnológico atual favorece não apenas a personalização dos tempos, mas a fragmentação das temporalidades individuais em inúmeros caminhos. A mesma pessoa "vive" em múltiplas temporalidades profissionais, de acordo com as tarefas e as mediações com as quais ela lida, além de suas próprias agendas e ações vivenciais.

Um exemplo simples está na diversificação de papéis cotidianos que assumimos – na vida pessoal, familiar, profissional etc. – e em suas distintas temporalidades. Os tempos despendidos pelas pessoas nesses subgrupos não são homogêneos. Eles se subdividem infinitamente em novas urgências e quantificações, mesclando-se e exigindo o redimensionamento de nossas disponibilidades, em um movimento particular de atendimento às necessidades de cada ação.

Muitas áreas profissionais exigem a quantificação temporal precisa do esforço profissional, identificada pelo cumprimento da jornada diária e semanal de trabalho.

Outros trabalhadores não dependem do tempo diário de esforço profissional formalmente definido. Possuem um grau de liberdade em relação ao "relógio" e são comandados por novos padrões de metas e prazos para o cumprimento das tarefas. Outros ainda regulam suas ações pelas referências naturais, o amanhecer e o anoitecer.

As infinitas temporalidades profissionais não são excludentes. Ao contrário, elas convivem entre si e, em alguns casos, se mesclam. Na multiplicidade de tempos que coexistem na atualidade, há espaço para considerações peculiares, como, por exemplo, os tempos praticados até recentemente entre alguns povos andinos, que consideravam, como unidade temporal, o tempo que leva para ferver a água do arroz (Filipec 1994, p. 20).

Contudo, é preciso definir parâmetros internacionais comuns de tempo. Esses padrões, até 1954, foram definidos pelo Observatório de Greenwich, na Inglaterra. A partir de 1954, definiu-se que o tempo é medido em segundos e que estes se baseiam em uma fração da rotação da Terra em torno do Sol (Network Time Protocol, s.d.).[2]

---

2. Ou seja, é 1/31.556.925,9747 do tempo que levou a Terra a girar em torno do Sol a partir das 12h de 4/1/1900.

A imprecisão apresentada na rotação da Terra orientou para que o segundo fosse definido, desde 1967, com base na medição de relógios atômicos.[3]

Atualmente o tempo é padronizado em todo o mundo por meio de uma escala conhecida como Tempo Atômico Internacional (TAI). Ela é definida com base nos dados informados por cerca de 250 relógios atômicos, situados em 50 países. "A escala de tempo atômico TAI é estável, não acompanhando as irregularidades da rotação da Terra" (ibid.).

Para fins práticos, sociais e comerciais, prevalece uma nova escala de tempo, que está em sincronismo com a rotação da Terra. Ela é denominada de Tempo Universal Coordenado (UTC). O UTC acompanha o TAI, diferindo deste

> por um exato número de segundos, valor este regularmente ajustado – via de regra uma vez ao ano, em 30 de junho ou 31 de dezembro – em função do acréscimo dos chamados *segundos bissextos*. Os segundos de salto têm por objetivo manter o tempo UTC também coordenado de forma mais próxima possível com o tempo solar médio, este último definido em função dos movimentos de rotação e translação da Terra.[4]

---

3. O segundo é atualmente definido como "a duração de 9.192.631.770 períodos da radiação correspondente à transição entre dois níveis hiperfinos do estado fundamental do átomo de césio 133" (Network Time Protocol, s.d.).

4. Ver: http://pt.wikipedia.org/wiki/Tempo.

2
TECNOLOGIAS, VIDA CONTEMPORÂNEA E ORGANIZAÇÃO TEMPORAL

A maioria das atividades cotidianas requer gestão e coordenação temporal muito precisas. Já em 1990, Gasparini refletia sobre a importância cultural dos aspectos qualitativos da vida que exigiam o redimensionamento e a redefinição da concepção quantitativa do tempo. A perspectiva "qualitativa" deveria privilegiar, por exemplo, "os aspectos de auto-organização e autogestão temporal" (1990, p. 16).

Novas formas de se pensar no tempo vivido estão surgindo, diz Gasparini (1996), embora seja bem difícil identificar-se um tempo comum que considere as múltiplas diferenças existentes nas apropriações temporais das pessoas nas mais diversas sociedades e culturas. O fenômeno da globalização, nessas condições, vem contribuir para a criação de um novo tempo, baseado em horários e prazos internacionais, que independem da hora e da sequência semanal existentes nos territórios e países em que as pessoas se situam ou onde estão localizadas as instituições em que trabalham.

Essa diferenciação temporal leva a que pessoas física e espacialmente próximas estejam temporalmente em outras dimensões, atuando de acordo com fusos horários diferenciados. Essa constatação levou, inclusive, que um autor americano, F. Best (*apud* Gasparini 1996, p. 117), propusesse a ideia de "planos de vida flexíveis".

Em termos culturais, o modelo de trabalho com horários fixos e realizados em um determinado espaço não é mais exclusivo. Novos modelos temporais de atuação, ainda minoritários em termos de adoção social, caracterizados pela flexibilidade e pela dessincronização, têm encontrado aceitação social e cultural.

No entanto, o tempo flexível não é a solução. Ele traz consigo inúmeros problemas, apontados por Gasparini (1990, p. 16), como, por exemplo, as relações entre os antigos e os novos quadros temporais.

Embora sejam novos os procedimentos e muito específicas as possibilidades de atuação flexível, essas relações merecem estudos por se tratarem de práticas diferenciadas e não socializadas plenamente. Daí decorre a necessidade de identificar as formas como ocorre a integração entre as ações profissionais de pessoas que trabalham na mesma organização em diferentes temporalidades. É preciso identificar, igualmente, se essas definições flexíveis não se refletem apenas em alguns domínios profissionais, criando, inclusive, certa oposição entre os que atuam em horários rígidos e predefinidos e os que possuem diferenciados graus de flexibilidade.

Outras questões que se apresentam vinculam-se aos reais benefícios profissionais da flexibilidade temporal. Nesse sentido, é necessário refletir sobre o aumento da produtividade e sobre os aspectos ligados à autogestão do tempo, à interação e à ação profissional isolada – individual ou de grupos –, ainda que conectados virtualmente à rede da organização.

Ao se considerarem alguns estudos realizados antes da revolução digital, algumas respostas podem servir de parâmetros para novas pesquisas neste momento social.

É assim que Pierre Boisard (s.d.) relata um estudo feito em 1986 com cerca de 300 trabalhadores que atuavam em horários atípicos na época. A maioria era formada por trabalhadores de fim de semana, trabalhadores noturnos e os que alternavam suas ações em turnos de trabalho com horários diferenciados. Todos esses trabalhadores, no entanto, atuavam em um local diferenciado daquele em que viviam, ou seja, embora a categoria tempo seja diferenciada, a categoria espaço de trabalho era a mesma dos demais trabalhadores que atuavam em horários regulares.

Em primeiro lugar, Boisard constatou uma forte relação entre o número de dias trabalhados por semana e o trabalho de fim de semana. No trabalho de fim de semana há amplitudes de trabalho mais longas, superiores às nove horas regulares de atividades diárias. O referido pesquisador encontrou também irregularidades nos ciclos de trabalho, nos horários de pausa para refeições e nos salários. Em seus estudos, Boisard observou que os trabalhadores regulares de finais de semana recebiam salários percentualmente (cerca de 30%, em média) mais baixos, para o mesmo número de horas de trabalho. Além disso, foi constatado um sensível isolamento social desses trabalhadores. Eles não se encontravam com os demais profissionais das empresas e não desfrutavam das atividades sociais e familiares de finais de semana. "É viver em sentido contrário ao dos outros", comenta Boisard, citando um dos entrevistados.

As tecnologias digitais alteram esse quadro, colocando os profissionais em redes ou comunidades onde eles podem estar frequentemente presentes, mesmo quando situados em locais e tempos diversos. Essas novas possibilidades alteram drasticamente a natureza e a função do trabalho e aumentam as oportunidades de aprender, de preservar a empregabilidade e de conciliar as exigências do trabalho e da vida familiar.

A lógica das redes influencia a mudança nas organizações, flexibiliza as hierarquias internas e altera os sistemas de competição e cooperação. Além disso, esse novo espaço pode se ligar ao espaço físico, estabelecendo as mais variadas e amplas recombinações, com fluxos e ritmos diferenciados.

Para Castells (1998), o espaço de fluxo expressa a lógica social dominante na sociedade das redes. Ele influi no comportamento das pessoas e organizações, que se esforçam para acompanhar a flexibilidade e a velocidade de suas alterações e movimentos.

O tempo relativizado, a partir de Castells

Ao falar sobre o tempo despendido nas redes digitais, o sociólogo espanhol Manuel Castells (1999) apresenta-nos um novo conceito, ou seja, a relativização das temporalidades e a existência de diferenciados espaços de fluxo: tecnológicos, da produção e das pessoas.

O fluxo tecnológico

A rapidez dos avanços tecnológicos repercutiu no crescimento exponencial de novas tecnologias. Em menos de duas décadas, as redes informáticas deram origem a infinitos recursos que foram incorporados ao nosso cotidiano. Novos equipamentos digitais – *note/net/ultrabooks*, celulares, *tablets* e *smartphones* – desbancaram em interesse e uso os nem tão tradicionais computadores pessoais, oferecendo flexibilidades para o uso em qualquer local, a qualquer tempo.

O contínuo avanço tecnológico já leva os principais desenvolvedores a rotularem os novos tempos de "era pós-PC", caracterizada pela disponibilização das redes e da internet em dispositivos e objetos – tevês, carros, celulares, roupas, *laptops*, *tablets*, mobílias.

Ray Ozzie, o substituto de Bill Gates na Microsoft, ressalta a ampliação dos serviços centrados nas nuvens (*cloud computing*) e de dispositivos sincronizados e conectados. Esses dispositivos vão muito além da relação tradicional entre tela, teclado e *mouse* e são capazes de reconhecer o que está à nossa volta: localização, gestos, altura, temperatura, direção e estado emocional em que nos encontramos (cf. Dória 2010). Paralelamente, recursos informacionais abertos oferecem condições para maior interação e comunicação em redes a qualquer momento, em tempo real, através de qualquer dispositivo e com abrangência geográfica sem limites, caracterizando uma nova era na internet, a era pós-*web*.

No espaço de fluxo das redes circulam basicamente *informações* que podem ser conectadas como se apresentam, mixadas, recortadas, combinadas, ampliadas e fundidas, de acordo com os interesses e as necessidades de quem as acesse. Além disso, esse novo espaço pode ligar-se ao espaço físico, estabelecendo as mais variadas e amplas recombinações.

Para Castells (1998), esse fluxo tecnológico é caracterizado por três estágios:

- automação de tarefas (racionalização dos processos existentes);
- experimentação de usos (inovações);
- reconfiguração de aplicações (implementação de novos processos, criando novas tarefas).

Em um movimento dialético, as inovações decorrentes das mais novas tecnologias pode se tornar instantaneamente a matéria-prima para o próximo ciclo do desenvolvimento, contribuindo para a rapidez do processo de inovação.

A velocidade apresentada na relação cíclica entre "informação-inovação-nova tecnologia" influencia a mudança nas organizações, flexibiliza as hierarquias internas e altera os sistemas de competição e cooperação.

O fluxo da produção

A ampliação do acesso e o uso das redes digitais têm provocado grandes alterações em toda a sociedade. A economia, a política, a cultura e a educação se veem radicalmente diferentes com o uso intensivo das redes e dos processos de comunicação *on-line*.

A internet provoca a maior alteração na economia desde a revolução industrial. Todas as acelerações das transações econômicas, as informações sobre preços, mercados, disponibilidades de produtos, transferências *on-line* de fundos entre países e pessoas mudaram as práticas e a própria teoria econômica. Da mesma forma, ocorrem mudanças significativas na política, a ponto de teóricos como Yoneji Masuda (1995) e Mark Poster (1995) já terem proposto, há quase vinte anos, por exemplo, pesquisas e investigações sobre a *"cyberdemocracy"* vigente nas comunidades virtuais.

Em termos abrangentes, em textos clássicos e ainda muito atuais, os dois teóricos indicam a grande capacidade de disseminação da informação de forma rápida da internet como o "quarto poder", que pode beneficiar ou não a políticos e à política.

Algumas considerações pontuais podem nos ajudar a compreender essas movimentações, como, por exemplo, a supremacia das formas digitais de interação e comunicação nos espaços laborais e sociais. Da mesma forma, as relações comerciais, as transações financeiras e as investigações científicas utilizam-se predominantemente dos espaços virtuais. Ou seja, os processos de interação e comunicação internas e externas do governo, do mundo do trabalho e de áreas distintas da sociedade "migraram", em grande parte, para a internet.

No campo empresarial, nota-se a rapidez com que as empresas se aglutinam e se deslocam em "consórcios" globalizados, de acordo com interesses específicos de cada momento e em cada lugar. As condições de trabalho também se alteram. A linha de produção em massa dá lugar à individualização do trabalho, à flexibilização do emprego, à movimentação dos perfis profissionais.

Esse movimento sem fronteiras, de plena troca de informações e opiniões, muda radicalmente o cenário político-econômico-social, não mais dependente das informações filtradas pelos tradicionais detentores do poder de informação. Mesmo com todos os meios de informação bloqueados e censurados – como ocorreu recentemente na Ásia –, pessoas anônimas muniram-se de celulares e câmeras para documentar os protestos da população contra os políticos e difundiram as informações pela internet para todo o mundo, em tempo real, ou seja, no calor dos acontecimentos.

Esses poucos exemplos já nos mostram que estamos diante de novos padrões econômicos, políticos, culturais e sociais. De uma nova sociedade, baseada nas infinitas possibilidades de interação, proporcionadas pela comunicação e pelo amplo acesso às informações, através das redes digitais. Ou, como Manuel Castells (1999) chama, a "sociedade das redes".

O fluxo das pessoas

Nesse novo espaço das redes surge outra forma de vivência, culturalmente diferente, em que todos participam ativamente e opinam sobre definições e decisões globais. Essas interações não obedecem a coordenadas de tempo, espaço ou organização social estruturada e definida. Seu tempo é o do momento da exposição. Seus espaços são reconfigurados a todo instante, de acordo com a perspectiva e os objetivos de seus usuários.

A indiferenciação da origem das informações apresentadas nas redes, sem estruturas legitimadas de conhecimento nas quais elas estejam *ancoradas,* exige dos usuários o fortalecimento de suas identidades, sua identificação individual ou grupal (identificações regionais ou vinculadas aos atributos e anseios de movimentos aos quais se afinam) e a análise das fontes segundo novos vieses que não são mais apenas os advindos do reconhecimento da autoridade no tratamento da informação.

Viver de acordo com o tempo e a velocidade existentes nesses espaços de fluxo, seguindo o pensamento de Castells (1998), pode representar a incorporação de variadas atitudes pessoais, como definimos a seguir:

- *Viver no fluxo da inovação tecnológica* – diz respeito ao tempo e à velocidade da evolução da tecnologia e corresponde a uma velocidade independente (autoalimentação) muito intensa.

Uma inovação tecnológica se reinventa infinitamente, gerando outras inovações e assim sucessivamente. A não consciência das pessoas sobre a impossibilidade do acompanhamento sistemático desse ritmo leva a frustrações. O esforço para acompanhar as últimas inovações tecnológicas gera estresse e angústia. A sensação de que se está perdendo tempo ocasiona uma relação híbrida entre homem e máquina. Ao mesmo tempo em que a pessoa não consegue mais se desconectar, não consegue mais reter para si a informação, em uma permanente busca pelo que há de mais novo, diferente, espetacular;

- *Viver no fluxo da produção e da comunicação da inovação* – diz respeito ao tempo e à velocidade que a sociedade leva para incorporar a inovação e transformá-la em produtos de toda ordem – material ou imaterial, inclusive informação –, e que também dependem da divulgação, da comunicação, da aceitação e da incorporação pelas pessoas. Decorrem dessas relações diferentes temporalidades, que se refletem nas redes sociais e no anseio pessoal de estar "informado";

- *Viver no seu ritmo* – diz respeito à descoberta e à conscientização das suas próprias relações com as múltiplas temporalidades (irregulares, variáveis, personalizadas). Leva ao estabelecimento de relação pessoal com a informação, no que tange às inovações, e à prontidão e à predisposição para a sua incorporação (assimilação, rejeição ou aquisição). Corresponde a um processo de autonomia do ser em relação à velocidade de seu próprio tempo.

Viver no seu ritmo é aprender a manter uma relação de equilíbrio entre as suas múltiplas temporalidades. Equilíbrio para poder integrar os momentos cotidianos de reflexão, criação, descoberta, inovação, criatividade, produção, consumo, relaxamento, diversão, interação etc. O estado perfeito do ser no tempo, para viver em harmonia nos espaços de fluxo propostos por Castells (1998), é compreender-se como ser com velocidades múltiplas, mas controladas.

Novas identidades temporais

Tradicionalmente, construímos nossa identidade por meio da narrativa temporal. A interação mais intensa com as redes sociais e os meios de comunicação social reorganiza a nossa relação com o real. "Ler o jornal, ver televisão... é jogar com o tempo", diz Michel Picard (1989, p. 98).

No momento em que estamos em rede ou nos envolvemos nas narrativas midiáticas – dos filmes, vídeos e programas televisivos –, vivemos um tempo neutro, descolado da realidade que nos circunda.

A transformação radical da temporalidade da mídia compreende também a imersão do espectador como ator-personagem, chamando-o à participação direta em diferenciadas situações. Participamos, interagimos, partilhamos e curtimos com intensidade a informação que nos alcança. Segundo Lits (1997, s.p.), essa velocidade da exposição pessoal no social "não deixa tempo para a reconstrução da identidade. A urgência da ação impede qualquer forma de reorganização das histórias e os seus múltiplos conjuntos de temporalidade".

Os tempos das informações acessadas se diluem e se apresentam sempre no tempo presente. A imagem recebida do evento que está acontecendo naquele mesmo instante compartilha o mesmo espaço na rede social com o vídeo de um evento antigo. Pessoas próximas, amigos, conhecidos e estranhos disponibilizam informações que se presentificam no meu acesso, tudo junto e misturado. As condições tecnológicas de simultaneidade e interatividade alteram as percepções de forma sutil. Não prevalece o tempo concreto de cada informação publicada, mas o tempo pessoal em que cada um acessa e se manifesta.

No tempo indiferenciado das redes, as pessoas se encontram, interagem com outras pessoas e informações, se desvelam e se apresentam idealmente, passando a limpo muitas vezes a si mesmas, em um novo retrato, ilusão de uma verdadeira imagem, que retorna e pauta o real de cada um. Um novo eu é reconstruído à imagem e semelhança da minha *persona* virtual, com toda a confusão mantida entre a realidade e a sua reconstituição, entre a realidade e a verdade, entre o real e o real virtual.

A possibilidade da exposição midiática e a interatividade deslocam as pessoas para a adoção de novas lógicas temporais. E isso já começou a acontecer há algumas décadas.

O ser e as novas lógicas temporais mediadas

O acesso à informação foi amplamente disseminado nas últimas décadas. A disseminação da informação em múltiplos suportes midiáticos tradicionais – rádio, televisão, jornais, revistas, livros etc. – garantiu ao homem o avanço no conhecimento, mas não lhe tirou do lugar passivo de receptor da informação. Essa situação se altera com a difusão do uso do controle remoto. Segundo Lits (1997), o ato de zapear – ou seja, circular e escolher de forma imediata entre vários canais – mudou o *status* das pessoas diante da informação. O *zapping* alterou o ato de ver televisão, permitindo ao espectador a ilusão de poder sobre a programação. Só ilusão, uma vez que não se pode alterar o programa, apenas mudar o canal e os formatos de recepção, diz Lits, e continua:

> Esta ilusão de controle de programas é ainda mais reforçada nas redes interconectadas da Internet e World Wide Web. Todo o mundo está agora disponível *on-line* direto e em tempo real a partir de um terminal de computador. O explorador da rede é um piloto de avião supersônico ou Fórmula-1, que controla uma máquina potente, rápida, em que ele é o único comandante a bordo, pronto para a corrida no topo, desafiando a força da inércia e abolindo espaço e tempo. (*Ibid.*, s.p.)

A internet e seus desdobramentos e funcionalidades mais atuais viabilizam – como apresenta Sherry Turkle (1997, p. 12) – uma "erosão das fronteiras entre o real e o virtual, o animado e o inanimado, o eu unitário e o eu múltiplo". O que ocorre nos mundos virtuais abrange também a vida *off-line*, o aspecto performático e simulado das nossas relações sociais que, como dizia Baudrillard (1991), inunda há muito a nossa vida.

Segundo Turkle (1997), a reflexão em torno da "oposição" humano/máquina, suscitada pelo rápido desenvolvimento da tecnologia, criou um efeito inverso: pensamos na nossa humanidade *através* do computador, definimo-la *através* dele. O computador e, sobretudo, a internet, segundo a autora, tornaram-se algo mais do que um simples objeto. São, antes, uma possibilidade de acesso que condensa o núcleo da "natureza" humana contemporânea.

A incorporação da cultura digital leva à indiferenciação nos estudos feitos sobre o ser humano e a máquina, ambos assumindo as mesmas lógicas em suas análises. As teorias e a própria forma como os cientistas analisam os comportamentos humanos e a organização dos nossos corpos passaram a ser vistas segundo os parâmetros da "programabilidade", como os computadores.

Os avanços nos estudos sobre o DNA e a Inteligência Artificial seguem essa lógica. As pesquisas sobre a mente humana, foco de análise em diferentes áreas de conhecimento, também estão centradas em características maquínicas, baseadas na imprevisibilidade, em *feedbacks*, no descentramento, em múltiplas subjetividades.

Em uma sociedade que isola as pessoas, a internet se apresenta como um elo, um *link* com um plano social diferenciado. Podemos estar fisicamente isolados, desconectados do exterior e, simultaneamente, estabelecermos relações significativas com outras pessoas que se encontram no mesmo espaço virtual, mas que se localizam geograficamente em espaços distantes e diferenciados.

De acordo com Turkle (*ibid.*), alguns desses amigos virtuais destoam, em muitos casos, do perfil dos nossos amigos "da vida real". Mas também nós, no mundo virtual, podemos ser performáticos e diferentes. Nos mundos virtuais podemos criar personagens que interpretamos de forma bem diferenciada dos comportamentos e da aparência que temos na vida *off-line*. Ainda segundo Turkle (*ibid.*, p. 37), essa cultura "permite-nos pensar na nossa própria identidade como sendo fluída, múltipla e complexa".

Essa complexidade e essa flexibilidade temporal do ser na sociedade contemporânea são motivos a mais para que possamos compreender o processo inacabado da formação e da aprendizagem. Na convergência temporal das múltiplas vivências *on* e *off-line,* estamos sempre aprendendo. Portanto, mais do que considerarmos esse momento o de uma sociedade da informação, é preciso que o identifiquemos como uma *sociedade da aprendizagem.* Nessas condições, o processo de aprendizagem já não se limita ao período de escolaridade tradicional. Ele invade todos os tempos e todos os momentos.

O desafio maior é poder pensar na formação diferenciada para a ação nessa nova realidade, sobretudo a dos educadores, ou seja, os que têm, no exercício do ensino diferenciado e contínuo, a dinâmica que orienta os novos aprendizados.

3
ORGANIZAÇÃO TEMPORAL NA EDUCAÇÃO ESCOLAR

Tempos de formação e de ação

Muitos aspectos das relações temporais existentes no trabalho precisam ser reconsiderados no atual estágio de desenvolvimento tecnológico da sociedade. Em alguns, ficam bem claras e presentes as alterações relacionadas aos tempos de formação e de atuação profissional. Englobam-se nessas relações, como apresenta Gasparini (1990, p. 13), as referentes ao "tempo da formação escolar e o tempo de trabalho, ou entre o tempo de trabalho e o tempo da aposentadoria, ou entre o tempo útil e o tempo livre", de descanso e lazer.

As formas de alternância entre escola e trabalho, ou seja, entre a fase considerada socialmente de formação e a inserção no processo produtivo como trabalhador, já não podem ser consideradas dissociadas.

A formação ocorre permanentemente. Os tempos se mesclam. As formas flexíveis de atuação e as mudanças dos perfis dos profissionais e dos estudantes nos mostram que, na atualidade, tanto trabalho quanto formação são aspectos relacionados permanentemente, ao longo da vida.

O tempo de ensino móvel, com currículos e grades cada vez mais flexíveis, redefine as propostas pedagógicas, exigindo a articulação dos professores e todo o *staff* educacional, com funções diferenciadas. Dois, três ou mais profissionais precisam se integrar em equipes para realizar – sobretudo a distância ou em cursos semipresenciais, mediados pelas tecnologias digitais –, de forma flexível, o ensino em uma única disciplina.

A mediação tecnológica facilita que novos projetos pedagógicos sejam criados, respeitando o ritmo de aprendizagem dos alunos – de todas as idades e níveis de ensino –, os espaços em que eles se encontram e os tempos disponíveis para estudar e trabalhar.

A flexibilidade da atuação do docente corresponde também ao oferecimento de programas flexíveis de ensino que se refletem na formação de novas atitudes e comportamentos nos alunos. Antes de tudo, eles precisam aprender a gerenciar seus tempos, ou seja, a utilizá-los de forma mais eficaz para garantir a realização das atividades e exercícios, de acordo com sua disponibilidade e no prazo estipulado. Como não há horários definidos, o aluno é que deverá definir seus programas de estudos para levar a cabo suas obrigações discentes.

O respeito ao ritmo pessoal do aluno considera, em contrapartida, a sua obrigação não apenas para a aquisição de conhecimentos, mas também para a formação de hábitos e atitudes de autonomia, para o gerenciamento de seus tempos, para a organização e para a disciplina pessoal. O aluno precisa saber organizar o seu dia, dependendo do tempo que ele pensa dedicar a cada atividade.

Didier, Dupont e Usai (1991, pp. 6-10; trad. nossa) relatam uma experiência de uso de tempos flexíveis em uma escola em Nice, na França. Cada aluno precisava trabalhar, por exemplo, diariamente durante três horas no projeto "mas ele podia passar mais tempo em uma disciplina, menos em outra, e até mesmo dispensar totalmente uma das três disciplinas" (*ibid.*, p. 6), dizem os autores. Havia liberdade para que o aluno pudesse preparar o trabalho em casa e ir para o Centro de Documentação da instituição somente em momentos agendados antecipadamente, para resolver suas dúvidas com o professor ou algum assistente.

De modo geral, segundo o relato, os alunos mais tímidos – que não ousam fazer perguntas na frente de toda a classe – sentem-se mais confortáveis nessa modalidade de ensino. Segundo a investigação feita pelos autores, "eles podem mais facilmente entrar em contato com o professor e obter o apoio adequado (...) em um tipo de relação pedagógica muito mais profunda" (*ibid.*, p. 8).

Em termos de aprendizagem, os autores informam que os alunos aprenderam "a utilizar a flexibilidade de tempo como uma ferramenta" (*ibid.*). Segundo eles, de 60 a 75% dos alunos avaliaram corretamente de quanto tempo precisariam para completar a tarefa proposta. Na mesma proporção, eles aprenderam a identificar as dificuldades da tarefa de acordo com o seu desempenho pessoal e a escolher para onde ir, principalmente quando as dúvidas eram maiores.

Segundo o relato, a maioria dos alunos resolveu as suas dificuldades com a ajuda de um grupo ou de outros alunos (45 a 60%) ou sozinhos (30 a 46%), de acordo com as matérias. O professor, centro da sala de aula, desapareceu. Ele se tornou uma fonte de informação, orientação e apoio, utilizada quando as outras fontes bibliográficas e informacionais já tinham sido esgotadas.

Após análise das informações dadas pelos alunos em enquete feita no final da experiência, os autores concluíram que os estudantes se sentiram mais eficazes. Segundo os dados, eles dizem ter trabalhado "mais rapidamente (55%) e sem perder tempo (66%)" (*ibid.*, p. 9). Os autores concluíram que o sucesso do projeto ocorreu porque os alunos trabalharam em seu ritmo, com a possibilidade de pedir ajuda aos outros ou ao professor quando precisavam.

Nessa experiência, bem anterior à banalização das redes e dos demais recursos de comunicação e interação *on-line*, cada aluno tinha um caderno de notas e orientações gerais, onde deveriam anotar o seu "roteiro", sua programação para o desenvolvimento das atividades, a proposta das tarefas, suas dúvidas e os seus resultados, bem como a sua própria avaliação. Esse caderno, construído progressivamente pelo aluno, foi um valioso instrumento no projeto. Configurado ao final sob a forma de um livro, tornou-se útil e necessário como documentação, e principal recurso para medir o progresso do aluno, inclusive no uso do tempo.

A experiência descrita, avaliada após dois anos de sua implantação, levou, segundo os autores, às seguintes conclusões:

- os alunos adquiriram o hábito e a vontade de refletir sobre o modo como aprendiam;
- eles tiveram o desejo de assumir o controle da sua aprendizagem, de serem participantes e ativos no processo;
- eles progressivamente passaram a ter autonomia em relação ao professor, que se tornou um apoio e um orientador importante, mas já não mais o protagonista da turma;
- o tempo tornou-se uma ferramenta muito útil. Não mais o tempo predeterminado e intocável do horário escolar, mas o tempo determinado por eles para a realização das ações definidas por eles mesmos;
- os tradicionais problemas de disciplina, falta de atenção e tédio desapareceram (*ibid.*, p. 10).

A experiência alterou também as relações entre os professores. Segundo seus depoimentos, eles saíram "de uma organização vertical para uma organização transversal" (*ibid.*, p. 10). Ou seja, ocorreram mudanças nas relações de poder, na redefinição do papel do professor e no seu trabalho com os alunos.

Tempo remunerado e não remunerado de dedicação docente

Um estudo realizado pelo Banco Mundial em 1999[1] sobre a relação salário e tempo de dedicação de professores latino-americanos

---

1. "Teacher pay in 12 Latin American countries: How does teacher pays compare to other professions, what determines teacher pay, and who are the teachers?", Xiaoyan Liang, LCSHD, The World Bank, agosto de 1999.

apontou que estes últimos atuam cerca de 35 horas semanais. De acordo com o relatório, em relação ao tempo de dedicação semanal de outras categorias profissionais, trata-se de um tempo relativamente pequeno. Nessa perspectiva, o salário que recebem é razoável, em relação ao tempo de atuação, conclui o estudo.

O encaminhamento que o estudo prescreve parece óbvio: se os professores querem ganhar melhores salários, que trabalhem mais. Segundo o mesmo estudo, no entanto, dois terços dos professores são mulheres que não se interessam em aumentar suas horas de dedicação porque consideram vantagem a carga horária menor, pois assim têm um tempo maior de dedicação à casa e à família. Essa "vantagem" da carga reduzida, informa o relatório, é motivo decisivo para a escolha da profissão.

A visão burocrática e distanciada oferecida nesse estudo encontra sensível repúdio dos professores e de todos os que atuam no sistema educacional. Todos os professores sabem que suas obrigações docentes se estendem a tempos que vão muito além do exercício em aula e mesmo das suas obrigações de presença nas escolas.

As horas dedicadas ao estudo, à pesquisa, ao planejamento pedagógico, ao preparo das aulas, à produção de materiais didáticos e às correções das atividades dos alunos – normalmente realizadas fora do ambiente escolar – não são, em geral, computadas na jornada semanal de dedicação do docente.

A agenda laboral do professor não tem jornada reduzida, ainda que possua parcialmente um tempo flexível (não computado e não remunerado, muitas vezes) de trabalho.

Uma pesquisa *on-line* realizada pelo portal argentino Nueva Alexandria[2] tentou resgatar essas horas não remuneradas de atuação docente. A pesquisa foi realizada entre maio e junho de 2007 e contou com a participação de 616 docentes que, de forma voluntária, responderam aos questionários encaminhados.

---

2.   Ver: http://www.nuevaalejandria.com.ar.

Todos os respondentes foram credenciados pelo portal e são professores de escolas públicas e privadas de diversos países da América Latina. Dado o caráter digital da disponibilização dos questionários da pesquisa, houve predominância dos professores das áreas de informática e tecnologia como respondentes, mas professores de outras áreas que atuam em diversos níveis de escolarização também estão ali representados.

Os resultados do levantamento mostram que a maioria dos docentes (70%) atua com 30 horas ou mais de trabalho remunerado nas escolas. No entanto, segundo afirmam, cerca de 60% deles despendem dez ou mais horas semanais em atividades não remuneradas, vinculadas à sua ação como docentes, como mostra o Quadro 1, a seguir.[3]

Quadro 1: Horas não remuneradas de atuação docente

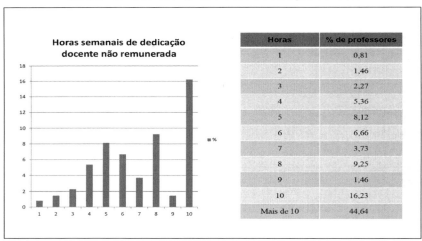

Fonte: Nueva Alexandria. Encuesta: horas no remuneradas em la docencia. Abril-maio 2007.

Em seus depoimentos, os professores identificam que as tarefas não remuneradas referem-se àquelas atividades que eles realizam sem contato direto com os alunos. Entre essas atividades, destacam-se as que

---

3. Ver: http://www.nuevaalejandria.com/secciones/encuestas/pdf/Horas%20no%20 remuneradas.pdf, acesso em nov./2007.

se referem à preparação das aulas, à correção dos exercícios e à avaliação das atividades dos alunos, como mostra o Quadro 2, a seguir.

Quadro 2: Tarefas docentes não remuneradas

Principais tarefas que o docente realiza nas horas não remuneradas

Atividades	%
Atendimento a alunos	1,46
Planejamento	8,6
Preparação das aulas	48,7
Correção e avaliação	26,95
Capacitação	7,31
Outras atividades	6,98

Fonte: Nueva Alexandria. Encuesta: horas no remuneradas em la docencia. Abril-maio 2007.

Em termos profissionais, portanto, os professores possuem uma relação atípica com o tempo de atuação remunerada e não remunerada.

Verifica-se também que mesmo os professores de classes presenciais atuam mais tempo em atividades "a distância" – ou seja, em que não estão nas salas de aula com os alunos – do que nas ações presenciais.

Essas condições se ampliam quando analisamos a ação docente nos novos quadros temporais mediados pelas tecnologias digitais. Em termos gerais, os professores não consideram "trabalho" o tempo que dedicam interagindo com colegas, alunos ou com a administração da instituição em que atuam, via *e-mail* ou outro suporte tecnológico digital.

A tecnologia, em sua versão mais avançada, altera a relação temporal e redefine os espaços de atuação profissional. O professor passa a atuar em qualquer lugar, desde que esteja conectado e interagindo com o trabalho. Essa relação professor-trabalho, mediada pelas tecnologias, avança pelos seus tempos diários, outrora "livres", e alcança os finais de semana e mesmo as férias. É preciso, portanto, redefinir o tempo remunerado do professor, sua atuação e suas responsabilidades como docente, agora imerso na nova realidade social *high-tech*.

Novas temporalidades na educação on-line

O crescimento acelerado das inovações nas tecnologias digitais nos últimos anos ampliou o número de ações educacionais via internet. As facilidades de interação e comunicação oferecidas pela *web* redefiniram estratégias e procedimentos para o oferecimento de processos de capacitação dinâmicos, de acordo com as necessidades e os interesses dos participantes.

No entanto, o processo de inovação não tornou as iniciativas educacionais mediadas anteriores obsoletas. Ao contrário, em um processo de convergência constante, novos processos se integram aos já existentes, complementando-se. No momento atual, os recursos tecnológicos viabilizam o desenvolvimento de iniciativas *on-line* flexíveis e versáteis, que podem ser utilizadas de acordo com as necessidades e as especificidades de cada projeto educacional.

Os novos recursos disponíveis nas tecnologias digitais aumentaram a produção e a oferta de cursos em diferenciados formatos: acoplados a celulares (*mobile learning*); pela formação de comunidades de aprendizagem; via redes ou fóruns permanentes de especialistas; por meio de jogos de variados tipos e níveis de complexidade, entre outros. Também oferecem condições para que os próprios interessados em ampliar seus conhecimentos construam suas trilhas de aprendizagem, totalmente personalizadas, de acordo com suas disponibilidades.

Conforme o tipo de necessidade, as condições de acesso, os interesses dos participantes, o tempo disponível e a fluência tecnológica, os mesmos recursos podem ser utilizados livremente em cursos mistos (semipresenciais), presenciais ou totalmente a distância. Integrados às primeiras opções de cursos *on-line*, esses novos recursos viabilizam a oferta expandida de oportunidades de formação e capacitação.

4
TEMPOS TECNOLÓGICOS E UMA NOVA CULTURA DE ENSINO E APRENDIZAGEM

Nova cultura com as tecnologias digitais

Durante os últimos 20 anos, temos vivenciado alterações significativas nas diferenciadas esferas da sociedade: no trabalho, no lazer, nos cuidados com a saúde, nos relacionamentos, nas comunicações etc. Todas essas mudanças são impulsionadas pelo mesmo fato gerador, ou seja, elas decorrem das inovações tecnológicas digitais que se apresentam de forma cada vez mais veloz. A inserção social dessas novas tecnologias tem ocorrido com a mesma velocidade e intensidade com que elas se oferecem, são incorporadas e descartadas pouco tempo depois, substituídas por algo novo, mais poderoso e diferente, em múltiplos sentidos.

As mudanças trazidas pelos meios digitais transformaram a nossa cultura. Em menos de 15 anos, por exemplo, incorporamos as redes digitais (a internet) e sua interface gráfica (a *web*) em nossos sistemas de intercomunicação e em nossas ações cotidianas. E queremos mais. Nos últimos anos, sem sair da internet, começamos a utilizar novos protocolos digitais de interação e comunicação (Skype, Twitter, iPad, Xbox, Pandora etc.) que dispensam o uso da *web*. A *web* está, inclusive, ameaçada de extinção (Anderson e Wolff 2010). As previsões para os próximos anos é de que o acesso à internet será feito de forma muito mais intensa por meio de celulares e *tablets* do que pelos caminhos "naturais" e conhecidos dos PCs e da própria *web*. Ciclos cada vez mais acelerados ocorrem nos processos de criação, industrialização, consumo e superação das tecnologias digitais contemporâneas. E nos acostumamos a esse movimento. Em muitos casos, nem o percebemos mais, porque a velocidade já se incorporou, como valor, ao nosso ritmo de vida.

Tecnologias digitais cada vez menores, mais leves e mais rápidas garantem a portabilidade dos equipamentos (*note* e *netbooks, tablets,* celulares etc.) e a flexibilidade de acesso (uso do *wireless* e da computação nas nuvens),[1] independentemente do local em que as pessoas e as informações estejam. As possibilidades de convergência digital (som, imagem e dados textuais) se ampliaram para a integração, o acesso e o uso das mais diferenciadas mídias no mesmo espaço virtual, o ciberespaço. Essas condições se refletem na ampliação das interações entre as pessoas, a qualquer tempo e em qualquer local.

A valorização do que é novo, mais potente ou, simplesmente, diferente, já faz parte das concepções culturais e sociais presentes na atualidade. Queremos algo que potencialize nossa capacidade de interação, comunicação, acesso e armazenamento das informações. Na atualidade, construímos nossas relações em meio aos mais variados artefatos tecnológicos. A cultura contemporânea está ligada à ideia da interatividade, da interconexão e da inter-relação entre as pessoas, e entre essas e os mais diversos espaços virtuais de produção e disponibilização das informações.

---

1. O termo "computação nas nuvens" (em inglês, *cloud computing*) diz respeito ao uso de serviços de redes na internet para acesso de qualquer computador – em qualquer lugar do mundo e a qualquer hora – à memória e às informações pessoais, sem necessidade de armazenamento de dados em computadores pessoais.

Avanços e dificuldades para o acesso à cultura mediada

Por mais que consideremos as mudanças ampliadas ocorridas na cultura contemporânea com a banalização do uso das mídias digitais, temos que admitir que essas facilidades ainda não são de acesso generalizado para todas as pessoas. Ampliou-se muito o acesso de brasileiros nas redes, mas ainda há grandes segmentos da população que não têm conhecimentos e estruturas de base que lhes garantam a condição de tecnologicamente incluídos.

Os números apontados pelas pesquisas dão maior concretude a essas afirmações. Segundo a União Internacional de Telecomunicações (UIT), órgão ligado a ONU,[2] o número de usuários da internet duplicou entre 2005 e 2010. Em 2012, o número de usuários de banda larga fixa chegou a 212 milhões. Já o acesso a mídias sociais é de quase um bilhão em todo o mundo.

Em relação à faixa etária, segundo dados da pesquisa realizada pela ComScore,[3] a população *on-line* total do Brasil era de mais de 73 milhões em maio de 2010. Desses, 4,8 milhões (11,9% do total) são usuários com idade entre 6 e 14 anos, que acessam seus computadores de casa e/ou escolas. De acordo com a pesquisa, 56,1% da população *on-line* brasileira – com idade entre 15 e 34 anos – acessa computadores em casa, na escola e/ou no trabalho. Nessa mesma condição estão os 32,1% de usuários com idade de 35 anos ou mais. A pesquisa revela ainda que os "usuários de idade entre 15 e 24 anos e 25 e 34 consumiram a maior proporção de páginas e minutos, com ambos os segmentos somando mais de 30% do total de minutos e páginas durante o mês, e o segmento de idade entre 15 e 24 anos representando os usuários de maior peso" (ComScore 2010).

---

2. Ver: http://www.itu.int/ITU-D/ict/material/FactsFigures2010.pdf.
3. ComScore é um líder global em estatísticas do mundo digital. Dados informados em: http://www.comscore.com/por/Press_Events/Press_Releases/2010/6/comScore_Expands_Capabilities_in_Brazil.

Quadro 3: Usos da internet no Brasil por segmento de idade[4]

Total do público de internet no Brasil (casa e local de trabalho)				
Total internet idade	Total de visitantes únicos (mil)	Composição de visitantes únicos (%)	Composição de páginas (%)	Composição de minutos (%)
	40,713	100,0	100,0	100,0
6-14	4,825	11,9	1,8	1,9
15-24	10,421	25,6	32,4	32,6
25-34	12,408	30,5	31,6	31,0
35-44	7,641	18,8	20,6	20,8
45-54	3,782	9,3	9,8	9,8
55+	1,636	4,0	3,8	4,0

Fonte: ComScore Media Metrix (maio de 2010).

Na distribuição regional dos usuários domésticos da internet, a mesma pesquisa revela as desigualdades de acesso tecnológico apresentadas pelas diferenciadas regiões do país. Enquanto as regiões Norte e Centro-Oeste juntas não alcançam 10% dos usuários domésticos, a região Sudeste "representa 67% do total de usuários da Internet, 66% de páginas de conteúdo consumido e 65% de minutos gastos *on-line* no país" (ComScore 2010).

Quadro 4: Distribuição regional dos usuários domésticos da internet no Brasil (maio/2010)[5]

Região do Brasil	% Composição de visitantes	% Composição de páginas	% Composição de minutos
Centro-Oeste	6,1	5,8	6,0
Norte	2,0	1,7	1,8
Nordeste	10,7	11,5	11,6
Sul	14,2	15,2	15,7
Sudeste	67,0	65,8	64,9

Fonte: ComScore Media Metrix (maio de 2010).

---

4. Excluídos os usuários de computadores públicos (*lan-houses* ou cibercafés) e os acessos por telefones celulares ou PDAs.

5. *Idem.*

O Quadro 4 nos revela a necessidade de esforços urgentes para a ampliação do acesso à internet a baixo custo em todas as regiões e, além disso, a melhoria da qualidade do acesso às redes digitais de banda larga[6] que é oferecida no Brasil. A desigualdade de qualidade de acesso às redes digitais impede que parte da população brasileira não desenvolva fluência para o uso dos meios digitais. Isso contribui para a divisão do país em dois segmentos distintos: os incluídos ou os não incluídos digitalmente.

Sem a fluência digital, um contingente de pessoas, sobretudo jovens, mesmo tendo formação escolar regular, apresenta-se desqualificado para o trabalho, nos mais diferenciados setores. Perdem as pessoas, perdem os espaços profissionais pela desqualificação dos trabalhadores, perde o país.

Há que se considerar que o fluxo tecnológico digital não para. Os países mais avançados tecnologicamente já trabalham com acesso em banda larga com velocidades que superam 1 *gigabit* por segundo. O Brasil ainda não tem uma regulamentação que indique qual é a velocidade mínima para uma conexão ser considerada de banda larga. De modo geral, considera-se no país a velocidade mínima de 512 kbps, muito abaixo da necessária para que o acesso às funcionalidades da internet seja feito com qualidade. Para se ter um parâmetro de comparação, podemos considerar a norma da Comissão Federal de Comunicações (FCC) dos Estados Unidos, que exige que o termo banda larga seja atribuído a conexões de, no mínimo, 4 Mbps. Se considerarmos esse padrão, ainda estamos longe de termos "banda larga" no Brasil, mesmo nas regiões tecnologicamente mais desenvolvidas.

Vários levantamentos apontam que a velocidade média da internet brasileira é de 5 Mbps, em 2012. Muito pouco em relação à média de 18 Mbps disponibilizada na Coreia do Sul, país que apresenta a maior velocidade de acesso à internet no mundo na mesma época.

---

6. Originariamente, o nome "banda larga" era usado para identificar qualquer conexão à internet com velocidade superior à oferecida pelos *modems* analógicos (56 kbps). A evolução das funcionalidades das redes exige o uso de bandas mais velozes e estáveis para a conexão do computador com o provedor.

A comparação das nossas condições de acesso e uso com o contexto coreano é bem difícil, a começar pelo tamanho dos dois países e pela cultura neles vigente. Para Hamann (2012, s.p.), um dos grandes problemas ainda é o processo de urbanização. Diz o autor que "o Brasil é um país com grandes cidades, mas ainda existe uma enorme porcentagem do território brasileiro que está longe da urbanização. Centros rurais e áreas sem povoamento tornam a instalação de redes de banda larga muito mais caras do que o normal, o que força as operadoras a instalar transmissores por satélite ou rádio, que não oferecem a mesma qualidade da banda larga comum".

Hamann informa ainda que, além disso, outros fatores viabilizam a internet de mais alta velocidade na Coreia do Sul. São eles: a urbanização crescente do país, com mais de 80% da população vivendo em cidades; a escolarização ampliada, que aumenta a demanda para o consumo das tecnologias, refletindo na diminuição dos custos dos investimentos pelas empresas de base tecnológica; a ampliação e a disseminação em todos os locais de pontos de conexão das redes móveis (*wi-fi*), garantindo velocidade e estabilidade nas conexões.

Um ponto determinante para esses bons resultados está no investimento maciço do governo em ciência e tecnologia. Os incentivos do governo no setor (3,7% do PIB) transformaram o país em um dos maiores polos tecnológicos do mundo. Esses incentivos resultam no oferecimento de internet de altíssima velocidade para todos a custos muito baixos, o que amplia o acesso e o uso pela população. Os planos governamentais são bem audaciosos e envolvem a ampliação ainda maior da capacidade de acesso. Projeto lançado pelo governo coreano em 2011 anunciou que a meta é de alcançar a média de 1 Gb por segundo na internet em curto prazo.

Comparadas à realidade coreana, as dificuldades de acesso a bandas de maior velocidade redimensionam e nivelam em nível macro a questão da inclusão digital de todos os brasileiros. No plano internacional, a velocidade menor de nossas conexões nos faz também excluídos e distantes das funcionalidades que as inovações tecnológicas apresentam a todo instante.

Vivências nas redes

A exigência de maior velocidade é consequência direta das possibilidades de acesso a filmes, vídeos, ambientes virtuais tridimensionais e muito mais. O avanço tecnológico digital oferece novas funcionalidades que exigem melhores – mais velozes e estáveis – condições de acesso para sua utilização. A diferença na qualidade do acesso reflete na possibilidade de uso amplo desses diferenciados meios e ambientes para fins profissionais e educacionais.

O uso da internet de alta velocidade viabiliza o acesso às opções de convergência midiática em que se integram todos os demais meios de comunicação e interação existentes – televisão, vídeos, CDs, telefones etc. –, além de possibilitar a imersão integral em realidades tridimensionais. Realidades virtuais das mais diferenciadas podem ser exploradas com vivências plenas de conhecimento que marcam todos os sentidos. Das viagens estelares ou pelo interior dos órgãos do corpo humano à exploração de minas subterrâneas – passando por situações reais de comércio, navegação, negociação, dramatização, imaginação etc. –, as mais novas tecnologias oferecem inúmeras possibilidades e situações repletas de atuação e aprendizagens.

Vivenciadas em grupos, com muitas interações e troca de informações, essas tecnologias não se encontram mais como espaços de ficção, mas de realidades, ainda que virtuais. Em alguns casos, pelas próprias condições em que são desenvolvidas, oferecem oportunidades de maior e melhor exploração e vivência do que os espaços concretos a que se referem. Suas especificidades nos possibilitam o registro, o acompanhamento (antes-durante-depois), a interação com outros meios, o envio de informações atualizadas e o recebimento de *feedback* imediato de outras pessoas que podem estar nos mais diferenciados locais do planeta.

Essa capacidade de intercomunicação é um dos pontos mais significativos dessas novas mídias. Ela garante que, independentemente de onde as pessoas estejam, elas possam se comunicar, trocar ideias, desenvolver projetos em conjunto, ir além da informação. Baseada no princípio defendido por Lévy (1999) de que, na atualidade, ninguém detém todo o conhecimento e de que é necessário haver colaboração para a formação do "coletivo inteligente", ela busca alcançar um objetivo comum. Um princípio maior de aprendizagem participativa, comprometida e responsável pode ser viável a partir dessas novas competências tecnológicas.

Ações de intercomunicação em grandes grupos *on-line* já estão presentes em muitas das comunidades virtuais que se propagam pelo mundo e têm, no Brasil, um grande número de participantes. Pesquisa feita pelo Ibope Inteligência,[7] em parceria com a Worldwide Independent Network of Market Research (WIN), em 2010, revelou que 87% dos usuários brasileiros da internet acessavam redes sociais em abril de 2010. Os motivos alegados para os acessos eram principalmente pessoais (83%), mas uma parcela significativa, 33%, acessava essas redes para uso profissional.

Essa nova realidade é um dos grandes desafios para o ensino superior brasileiro. Ainda que haja esforços no sentido de implantar laboratórios digitais e disponibilizar ambientes virtuais para uso pelos professores e alunos, isso não garante a formação de uma nova cultura de aprendizagem mediada na universidade.

A cultura tecnológica exige a mudança radical de comportamentos e práticas pedagógicas que não são contemplados apenas com a incorporação das mídias digitais ao ensino. Pelo contrário, há um grande abismo entre o ensino mediado pelas TICs – praticado em muitas das escolas, universidades e faculdades – e os processos dinâmicos que podem acontecer nas relações entre professores e alunos *on-line.*

---

7.   Ver: http://www.avellareduarte.com.br/projeto/conceituacao/conceituacao1/ conceituacao14_internetBrasil2010.htm e em http://tecnologia.uol.com.br/ultimas-noticias/redacao/2010/07/23/brasil-e-um-dos-dez-paises-que-mais-acessam-redes-sociais-aponta-ibope.jhtm.

5
USOS DAS TECNOLOGIAS NO ENSINO SUPERIOR

A banalização das tecnologias digitais e o seu uso indiferenciado por grande segmento da sociedade movimentaram os espaços educacionais, no que concerne à sua incorporação, a partir das duas últimas décadas do século XX. Computadores e *softwares* foram instalados nos laboratórios e nas bibliotecas das instituições de ensino superior. No início da década de 1990, o acesso ao sistema de comunicação *on-line,* via BBS (*Bulletin Board System*), foi liberado para instituições educacionais, de pesquisa e a órgãos do governo. Começaram a surgir – em poucas Instituições de Ensino Superior (IES), é verdade – condições de uso de sistemas de comunicação *on-line* entre professores, pesquisadores e alunos. Essas inovações, no entanto, não chegaram a revolucionar o processo tradicional de ensino universitário.

O acesso aberto à internet a partir da metade dos anos 1990 deu início a um processo de valorização das tecnologias digitais em todos os setores da sociedade, inclusive na educação. A imagem da IES como provedora de um ensino de qualidade e moderno é apresentada pela divulgação de imagens de salas de aula, laboratórios e demais instalações repletas de computadores. Grandes investimentos são realizados para a incorporação de sistemas de tele e videoconferências, acessos a ambientes virtuais de alta complexidade e usos de computadores pelos alunos em aulas presenciais.

No entanto, o avanço tecnológico não foi articulado com mudanças estruturais no processo de ensino, nas propostas curriculares e na formação dos professores universitários para a nova realidade educacional. Em muitos casos, as IES iniciaram programas de capacitação para o uso dos novos equipamentos, mas as práticas pedagógicas permaneceram as mesmas ou retrocederam.

A despeito das amplas condições de intercomunicação oferecidas pelas tecnologias digitais, predominam ainda nas salas de aula da maioria das IES as mais tradicionais práticas docentes, baseadas na exposição oral do professor. Mediado por vídeos, apresentações em PowerPoint e uso dos ambientes virtuais (como "cabides" de textos), o ensino não se renova. A nova cultura da sociedade da informação passa ao largo dos cursos e das aulas (presenciais e a distância) no ensino superior.

O que espanta é que essas mesmas tecnologias são utilizadas plenamente pelos mesmos professores e pesquisadores fora das salas de aula e em suas pesquisas.

Pesquisadores incorporam as mídias digitais como suportes fundamentais para o desenvolvimento de procedimentos de investigação. Nas propostas e nos projetos submetidos às agências financiadoras, os itens de solicitação de verbas para aquisição de equipamentos digitais sofisticados são recorrentes. Laboratórios e salas de grupos de pesquisa atuantes ambicionam possuir as melhores condições tecnológicas possíveis. E, sem dúvida, na maioria das vezes, essas aquisições são utilizadas para os fins a que se destinam. O salto tecnológico ocorre, portanto, entre a ação do professor universitário como pesquisador inovador e como docente. Do laboratório à sala de aula há um abismo tecnológico que compromete a qualidade do ensino e, consequentemente, da aprendizagem.

O desenvolvimento de cursos e disciplinas fortemente baseados em atividades *on-line* requer que sejam considerados vários fatores.

Muilenburg e Berge (2001) destacam alguns deles: estrutura administrativa, mudanças organizacionais, nível de *expertise* tecnológica de professores e alunos, interação social, acesso ao curso com qualidade e serviços permanentes de apoio aos estudantes.

Moore e Kearsley (2001) ressaltam que para um curso *on-line* ser bem-sucedido é preciso garantir que os alunos possam interagir entre eles com a supervisão e a coordenação atenta, mas não predominante, do professor. Dessa forma, os estudantes aprendem mais do que os conteúdos previstos, vivenciando e sendo orientados para a aprendizagem com autonomia e com envolvimento colaborativo.

Muilenburg e Berge (2001) consideram que, sem apoio, o estudante costuma se sentir isolado quando atua nesses novos ambientes. Uma das principais causas é a falta de comunicação e interação com os demais participantes e a ausência de um professor que sane suas dúvidas e lhe dê orientações iniciais sobre como agir e o que fazer.

Não basta, portanto, a utilização das tecnologias avançadas como repositórios de conteúdos. Não basta também a ação distante e indiferenciada do professor, em *broadcasting,* sem o estabelecimento de vínculos que estimulem e desafiem os estudantes a avançar nos estudos e a superar desafios.

É preciso garantir aos alunos que acessam as aulas *on-line* condições favoráveis para o seu envolvimento, criando, entre eles, o sentimento de pertencimento ao grupo e a busca de colaboração entre todos os participantes (professores e alunos) do mesmo processo de ensino-aprendizagem.

A tradicional organização do ensino universitário se orienta ainda por momentos sociais anteriores, em que o acesso à informação era raro, caro, difícil e demorado. A formação do cidadão e a garantia de sua ação no âmbito da sociedade, como profissional e como pessoa, eram definidas pela sua "bagagem intelectual", ou seja, pelo acervo de informações e conhecimentos adquiridos e cumulativamente incorporados durante sua longa trajetória no processo de escolarização. Das salas de aula e das palestras dos professores emanavam os saberes que orientavam a formação plena do graduando, pronto para atuar em distintas áreas do conhecimento.

Para acompanhar o ritmo de mudanças e as especificidades da sociedade tecnológica contemporânea, o processo educacional realizado nas IES precisa ser reestruturado em todas as suas instâncias. Concordando com Aquino (2010), considero também que "é fundamental que se proponha inovação no ensino de graduação com uso de tecnologias". Nesse sentido, o desafio que me proponho a discutir aqui é, portanto, o de pensar como adequar o ensino superior de qualidade com as possibilidades cada vez mais amplas das TICs.

Desafios das tecnologias para o ensino superior

A qualidade da formação universitária é muito questionada pelos seus próprios alunos e pelas agências que recebem esses profissionais em suas bases. Os avanços tecnológicos redefiniram novos perfis de atuação profissional nos quais, no mínimo, a fluência tecnológica se faz necessária.

Os próprios currículos dos cursos em todas as áreas de conhecimento já não correspondem às expectativas da sociedade para a ação, a reflexão e a formação. Jovens recém-formados, egressos de IES renomadas, precisam passar por cursos de capacitação para iniciar atividades em diferenciados espaços de atuação.

Em outro trabalho, considero que é primordial que as universidades e as diferenciadas instâncias credenciadoras de cursos superiores se detenham para

> Discutir propostas em que convergem princípios educacionais que privilegiam não mais a aquisição de conteúdos descontextualizados e rígidos; não mais o próprio processo regrado e fragmentado de disposição de temas em disciplinas, arranjadas em estruturas fechadas que não dialogam entre si. Significa discutir currículos e propostas educacionais que têm no acesso e uso fluente dos múltiplos meios

de comunicação, a possibilidade de transpor os limites físicos e temporais das salas de aula e alcançar as pessoas que querem, têm interesse e estão conectadas no mesmo desejo de aprender, independente do tempo e do espaço em que se encontram. (Kenski 2011, p. 217)

A revisão de currículos e práticas de formação é exigida pelas próprias associações profissionais que contabilizam o grande desgaste decorrente da necessidade de qualificação para a inserção de profissionais recém-graduados no mercado de trabalho.

A situação é paradoxal. A mesma instituição universitária que assimila a cultura da inovação, que avança na pesquisa e oferece à sociedade contribuições originais em múltiplas áreas do conhecimento, bloqueia a formação de seus alunos nas mesmas bases. O problema não está apenas na ação do docente, mas na estrutura fechada e disciplinar com que os programas são construídos.

É difícil implementar mudanças, sobretudo quando elas se relacionam a comportamentos altamente enraizados no perfil da instituição, no caso, a universidade. No entanto, é no interior da academia que podemos vislumbrar um bom exemplo a seguir, com as mudanças estruturais ocorridas nos comportamentos e procedimentos dos que se dedicam à pesquisa. Nesse caminho, observamos que se diluiu no tempo a figura do pesquisador isolado, que durante anos se debruça sobre o seu objeto de estudo, para divulgar seus resultados após longo tempo de maturação e reflexão solitária.

Esses estudiosos ainda existem, mas são práticas cada vez mais raras. A velocidade das descobertas e a proliferação das informações tornam o trabalho isolado e solitário um exercício difícil, quase impossível de ser realizado. Grupos de pesquisadores reunidos – que interagem, produzem e trocam informações entre si (e com a comunidade acadêmica nacional e internacional em eventos e publicações), em busca da superação de um desafio comum de pesquisa – são o modelo para o desenvolvimento de estudos científicos na atualidade.

Entretanto, essas mudanças estruturais nos processos de pesquisa acadêmica não ocorreram de forma espontânea. As múltiplas chamadas das agências financiadoras já predefiniam modelos de trabalho coletivo – com a inclusão de alunos de graduação e pós-graduação, a articulação entre grupos interdisciplinares, o estímulo a parcerias interinstitucionais, os convênios entre pesquisadores brasileiros e estrangeiros etc. – que foram se construindo nas últimas décadas e resultaram em mudanças culturais nos processos de desenvolvimento de investigação e publicação científica. Todas essas ações tiveram como um dos grandes aliados o uso intensivo das mais novas tecnologias digitais de informação e comunicação.

Apoiando-nos nesses exemplos, podemos identificar caminhos para que essas transformações culturais possam chegar às salas de aula do ensino superior de forma extensiva. A lógica dos grupos de pesquisa precisa ser expandida para envolver as ações de ensino. Não se trata, portanto, de ampliar o acesso às mídias digitais sem realizar a transformação completa de todo o processo de atuação acadêmica. Não é uma mudança simples, mas é urgente.

Nesse processo cultural de transformações no ensino superior, há que se refletir, justamente, sobre a forma com que o ato acadêmico de realização de pesquisas científicas foi alterado. Transmutou-se da ação isolada e solitária do cientista para a organização de grupos de pesquisa, os quais reúnem diferenciados níveis de formação (graduação, pós-graduação, pesquisadores internos e externos, brasileiros e estrangeiros etc.) e que se servem das múltiplas funcionalidades das mídias digitais para avançar no conhecimento, trocar informações e desenvolver ações colaborativas e integradas, a fim de superar os desafios da investigação comum.

No que se refere às transformações no ensino mediado e às alterações ocorridas nas práticas acadêmicas de pesquisa, é indispensável a redefinição das condições do trabalho do docente universitário (relacionadas ao tempo, ao espaço, à formação, à ação e à valorização financeira de sua atuação diferenciada), para que as mudanças necessárias nesse campo se viabilizem. Essas condições também precisam estar associadas às alterações significativas nos currículos dos cursos. Exigem ainda a transformação dos espaços físicos de atuação do docente e do discente.

Essas ações podem ser estimuladas com base em propostas de agências de fomento, com a abertura de chamadas e editais que contemplem a formação de grupos de ensino mediados, à semelhança dos grupos de pesquisa. Parcerias, integração e ação docente-discente colaborativa movimentam o ensino e possibilitam o avanço das relações ensino-aprendizagem em novas bases. A qualidade exigida para o ensino na atualidade não dialoga com a ação do professor universitário solitário e isolado, que adentra as salas para repetir as mesmas "certezas", para alunos indiferenciados.

De modo geral, a nova cultura tecnológica fortalece as condições para que as ações educativas promovidas pela universidade possam sair do seu isolamento e do seu "autismo"[1] e se integrem colaborativamente com as demais instâncias da sociedade e, por mais surpreendentemente que pareça, com as demais áreas, cursos e professores da própria universidade. Segundo Aquino (2010),

> A interação colaborativa e complementar entre diversos segmentos sociais organizados é importante chave para a inovação e o crescimento cultural e econômico de uma sociedade hoje compreendida como sociedade do conhecimento. Dentre os segmentos de reconhecida relevância destacam-se o Estado, a Universidade e a Empresa. Cada uma das partes constitutivas dessa relação possui especificidades e áreas de desempenho que não podem ser desconsideradas. É nesse lastro de diferenças e de atribuições que se articulam os contratos de parcerias. A proposta de relacionamento cooperativo entre essas forças, detentoras, respectivamente, das regulações, do conhecimento e da produção, apresenta condições favoráveis à geração da inovação e da sustentabilidade.

---

1. Denominamos de disciplinas e ações educativas "autistas" as que fluem em faixas próprias, sem maiores articulações com a realidade ou com outras áreas.

E continua:

> Como desenvolver equilibradamente essa união de formas diferenciadas que compõem a sociedade e como, de modo justo e responsável, proceder à distribuição de estímulos e benefícios, eis o quadro geral das questões que são postas como desafio. (*Ibid.*)

Na amplitude das mudanças radicais que a sociedade cobra para serem feitas no ensino superior, é preciso pensar em uma política de apoio à ação do docente universitário. Nessa política, devem ser consideradas não apenas as condições institucionais para o desenvolvimento de situações de ensino em novas bases, mas a incorporação de práticas de integração e interação entre docentes, o estímulo para que atuem em equipes, visando consolidar a formação de uma cultura de colaboração e parcerias entre grupos de professores e alunos, com o objetivo de avançar no conhecimento de modo coletivo.

Essas condições de atuação didática em equipes precisam ser estimuladas e aprendidas pela maioria dos docentes universitários. O processo de formação continuada do docente universitário engloba o desenvolvimento de ações que garantam a fluência digital, a ação pedagógica mediada e a articulação dos saberes para que possam garantir a qualidade da ação docente e, consequentemente, da aprendizagem oferecida.

Mais ainda, é preciso que as estruturas acadêmicas se pensem em um processo de integração em rede entre instituições de ensino e parcerias com outras instâncias sociais e empresariais, visando à plena formação (conhecimentos, habilidades, atitudes e valores) dos participantes, baseada na cultura da colaboração, nas trocas interativas e na convergência entre conteúdos, meios e pessoas.

O compromisso social da universidade com o avanço do conhecimento e com a inovação precisa alcançar as salas de aula de graduação e pós-graduação. O processo de ensino-aprendizagem não pode se desvincular dos processos de investigação acadêmica, e, por consequência, é necessário que seja compreendido como um desafio à inovação. Os meios tecnológicos contemporâneos viabilizam essas relações em novas bases, mas o desafio é maior ainda.

> O sentido da relação educação-comunicação vai além das possibilidades oferecidas pelas mídias contemporâneas e dos níveis segmentados dos sistemas educacionais atuais. Ultrapassa a tentativa de ordenação dos conteúdos escolares e a profusão/confusão dos dados disponíveis em múltiplas bases. O ato comunicativo com fins educacionais realiza-se na ação precisa que lhe dá sentido: o diálogo, a troca e a convergência comunicativa, a parceria e as múltiplas conexões entre as pessoas, unidas pelo objetivo comum de aprender e de conviver. (Kenski 2008, p. 649)

O maior problema a ser superado em relação a essas mudanças no ensino superior está, justamente, na necessidade primeira de alterações estruturais nas especificidades de trabalho dos docentes. Docentes que possam se reunir em equipes que, não necessariamente, precisam estar no mesmo local, não apenas para atuar em situações de ensino, mas para o desenvolvimento e a produção de conteúdos, programas e projetos educativos integrados e outras ações e inovações que a ação coletiva possa conceber no sentido de ampliar as bases do ensino mediado de qualidade.

A integração de metodologias, procedimentos e pessoas – docentes, discentes, técnicos etc. – nas ações realizadas pela educação a distância é um dos caminhos por onde pode se iniciar a viabilização das mudanças radicais que o ensino superior precisa realizar.

Convergências no ensino superior: Presencial e a distância

Um dos principais desafios do ensino superior para a próxima década é a situação excludente em que se encontra a oferta de cursos superiores a distância. Criado no interior das universidades e contando com a colaboração e a ação dos mesmos docentes, o ensino a distância permanece apartado da maioria das ações acadêmicas e não recebe o mesmo *status* dos cursos presenciais.

Tradicionalmente o ensino superior brasileiro é caracterizado pela oferta de cursos presenciais. Esse cenário tem apresentado mudanças ao longo dos últimos anos – em especial, a partir do ano 2000 –, quando os cursos de ensino superior a distância (EaD) começaram a ganhar expressão, oferecendo, em alguns casos, resultados positivos e superiores aos dos cursos tradicionais.

A educação a distância é a modalidade que mais cresceu para a oferta de ensino superior no Brasil nos últimos anos. Sua taxa de crescimento anual foi de 62% no período de 2002 a 2008. Segundo o levantamento realizado pela Associação Brasileira de Educação a Distância (Abed), no ano de 2008, havia aproximadamente 2,6 milhões de alunos matriculados em algum curso de educação a distância no país. Se considerarmos apenas os alunos matriculados em cursos de ensino superior a distância, teremos mais de um milhão de estudantes (1.075.272, para ser exata) no país, de acordo com os dados do Censo EAD.br 2010/Abed.

Mais do que as IES públicas, a abertura para oferecimento de cursos superiores a distância foi aproveitada pelas universidades privadas. Após 2002, elas passam a ter forte presença na modalidade a distância. Segundo dados do Inep, em 1999 havia apenas duas IES credenciadas para EaD. Em 2007 esse número saltou para 104, sendo que 59,61% (62) eram instituições particulares.

Da mesma forma, as matrículas de alunos em cursos superiores de EaD sofreram crescente aumento na última década. Segundo dados oficiais, em 2002 havia apenas 40.714 matrículas em cursos dessa modalidade em todo o país. Em 2008, esse número já era de 727.961 (Quadro 5).

Na realidade social brasileira, a educação a distância já é vista em alguns setores como forma viável de estudar e aprender. Colabora para essa boa impressão a ampliação do acesso da população às tecnologias digitais, o uso intensivo desses meios por pessoas de todas as idades e os bons resultados obtidos pelos alunos de EaD em exames oficiais (sobretudo o Enade) realizados pelo MEC.

Quadro 5: Evolução das matrículas em cursos de graduação a distância, por setor público e privado – Brasil – 2002-2008

Ano	BRASIL				
	Total	Público	%	Privado	%
2002	40.714	34.322	84,3	6.392	15,7
2003	49.911	39.804	79,7	10.107	20,3
2004	59.611	35.989	60,4	23.622	39,6
2005	114.642	53.117	46,4	61.525	53,6
2006	207.991	38.429	18,5	169.562	81,5
2007	369.766	92.873	25,1	276.893	74,9
2008	727.961	275.158	37,8	452.803	62,2

Fonte: Censo da Educação Superior – Inep 2009.

No entanto, professores e associações rejeitam o modelo, colocando-o como um ensino de segunda categoria, supletivo, para ser oferecido para pessoas secundárias, impossibilitadas de alcançar os espaços e os tempos do ensino presencial. Isso é contraditório, pois, ao invés de compreenderem o grande alcance social do ensino superior a distância e ampliarem as condições para que ele tenha níveis de excelência, buscam a sua supressão como opção válida de ensino e formação em nível superior.

O desafio do ensino superior em relação à EaD está, entre outros, na possibilidade de convergência entre as duas modalidades: presencial e a distância. A integração entre ambas, respeitando-se as especificidades de cada modelo de ensino, é mais uma questão cultural do que estrutural no seio da universidade.

A diluição das fronteiras entre presencial e a distância inicia-se pela compreensão de que em ambas as modalidades estão presentes professores e alunos da mesma universidade e que, portanto, seus direitos e deveres devem ser os mesmos.

Cursos da mesma área desenvolvidos nas duas modalidades não são antagônicos, mas podem ser complementares. As particularidades de cada modelo podem ajudar alunos e professores a iniciar a diversificação de práticas e procedimentos, que enriquecem o aprendizado coletivo. Mediados pelas tecnologias digitais, os cursos a distância apresentam dinâmicas e flexibilidade que podem contribuir para as mudanças requeridas nas tradicionais aulas presenciais.

É possível começar a flexibilidade curricular e a integração entre docentes, discentes e a sociedade pela própria intercomunicação e colaboração entre os participantes das ações acadêmicas nas duas modalidades. Eventos virtuais, encontros, trocas e parcerias entre todos os professores e alunos indistintamente podem auxiliar a "romper o muro" das salas de aula em direção a movimentos de inovação.

> Organizados em redes, professores-alunos e alunos-professores podem refletir, discutir, interagir uns com os outros e criar novas formas de procedimentos pedagógicos que os auxiliem na prática profissional: presencial ou a distância. Aprendem os princípios e as práticas de como atuar em equipes. Vivenciam e incorporam novas formas de ensinar e aprender mediadas por tecnologias de colaboração e interação. Consideram e praticam a formação de coletivos pensantes, como diz Pierre Lévy (1999), que contribua para o enriquecimento conceitual e de valores pessoais de todos os participantes. (Kenski *et al.* 2009, s.p.)

O grande problema a ser vencido está na convergência de todos os participantes dos cursos, independentemente da modalidade em questão, para o fortalecimento da formação acadêmica de alto nível.

Essa integração requer que a universidade trate todos os seus alunos como iguais, estejam eles matriculados em uma ou outra modalidade de ensino. Isso implica a possibilidade de transição entre as duas modalidades e a inserção dos alunos de EaD nos grupos e projetos de pesquisa realizados nas IES.

Se é possível realizar parcerias entre professores e alunos de grupos de pesquisa de diferenciadas universidades, por que não integrar os alunos da própria universidade? Ou seja, por que não incorporar os bons alunos da EaD nas pesquisas e demais atividades acadêmicas?

A integração dos participantes dos cursos *on-line* a distância na vida das IES, sem discriminações, é um bom exercício para as tentativas de flexibilização curricular dos cursos.

Contudo, essas mudanças na organização dos conhecimentos requerem uma nova maneira de pensar. Como diz Caldas (2000, s.p.),

> a realidade, seja qual for sua procedência (política, social, religiosa), deve ser reconhecida e tratada, simultaneamente, de forma solidária e conflituosa. A diferença deve ser respeitada. A unicidade, reconhecida (...) É necessário estimular o pensamento plural, multidimensional, que aproxima, une e distingue.

Ou ainda, como diz Morin (2000, p. 90), "é preciso substituir um pensamento disjuntivo e redutor por um pensamento do complexo, no sentido originário do termo *complexus*: o que é tecido junto". Isso é pensar de um modo diferente. É também a melhor forma de romper com os velhos dogmas, com as ações discriminatórias e reducionistas, orientando os caminhos das IES para a interação colaborativa e a complementação entre os diversos segmentos sociais organizados, propostas por Aquino (2010).

Para alcançar o mundo e responder aos anseios da sociedade contemporânea, a universidade precisa, em primeiro lugar, resolver muitas de suas rupturas internas ou, ao menos, minimizá-las. Criar uma cultura de colaboração e parceria entre todas as áreas, modalidades e ações – de ensino, pesquisa, gestão e extensão – é apenas o primeiro passo. As tecnologias digitais de informação e comunicação podem facilitar muito esse caminho de integração e intercomunicação entre os acadêmicos, em vários sentidos. A vontade e a força política para que isso ocorra depende das pessoas envolvidas.

PARTE II

TEMPORALIDADES NA FORMAÇÃO DO DOCENTE

6
NOVOS TEMPOS DE FORMAÇÃO DOCENTE

O desenvolvimento de cursos *on-line* – a distância – requer que se considerem vários fatores. Muilenburg e Berge (2001) destacam alguns deles: estrutura administrativa, mudanças organizacionais, nível de *expertise* tecnológica, interação social, acesso permanente ao curso com qualidade e serviços permanentes de apoio aos estudantes. Moore e Kearsley (2001) ressaltam que para um curso *on-line* ser bem-sucedido é preciso garantir que os alunos possam interagir entre eles com a mínima intervenção do professor. Os autores consideram que os estudantes devem ser orientados para a autonomia e o envolvimento entre eles. Que tenham liberdade de ação e confiança para garantir seus próprios avanços e aprendizagens.

Muilenburg e Berge (2001) alegam que os estudantes costumam se sentir isolados e apreensivos nesses novos ambientes. Uma das principais causas é a falta de interação com os demais participantes, assim como de apoio e presença do professor para lhes dar orientação. É preciso garantir aos alunos *on-line* condições favoráveis para seu envolvimento, sua aceitação, seu pertencimento ao grupo e sua busca de colaboração.

Muitos desses cuidados e estratégias seriam bem-vindos se também estivessem presentes nos cursos presenciais. Na atualidade, uma nova realidade educacional mediada se apresenta, exigindo a transformação dos processos e procedimentos que ocorrem nas relações entre professores e alunos.

A formação de professores precisa se repensar em novos caminhos que garantam a todos a prática docente em novos rumos. Ao contrário do que muitos imaginavam, no atual momento da sociedade digital, a escola não desapareceu. Muito menor ainda é a preocupação com a extinção da função do professor. De maneira diversa, a escola como instituição social é o espaço privilegiado para a formação das pessoas em cidadãos e para a sistematização contextualizada dos saberes. Assim também o professor é o principal agente responsável pelo alcance e pela viabilização da missão da escola diante da sociedade. O que a escola e a ação dos professores necessitam é de revisão crítica e reorientação dos seus modos de ação.

A estrutura atual das escolas orienta-se pelo momento social em que o acesso à informação era raro, caro, difícil e demorado. A formação do cidadão e a garantia de sua ação no âmbito da sociedade, como profissional e como pessoa, eram definidas pela sua "bagagem intelectual", ou seja, pelo acervo de informações e conhecimentos adquiridos e cumulativamente incorporados durante sua longa trajetória no processo de escolarização. Da escola e dos professores emanavam os saberes que orientavam a formação para a atuação plena do ser no mundo.

E o que é possível ensinar em um momento em que as informações estão tão pulverizadas, tão fragmentadas, tão acessíveis por diferenciados meios (e mídias) e, sobretudo, tão disponíveis?

Atualmente não é mais a pessoa que sai em busca de informações: é a informação que se oferece sem ser buscada. Informação fácil sobre tudo, que invade a nossa privacidade, ocupa nosso tempo e o espaço do nosso pensamento, transforma nossas intenções, manipula nossos desejos. Informação que nos surpreende ao acordar e nos acompanha em todos os momentos, todos os dias. Rádios, jornais, celulares, televisores e seus múltiplos canais, todos os meios vindos das e pelas redes digitais – *e-mails*, listas, grupos, comunidades reais e virtuais e tantos outros...

Nós, adultos, não fomos formados, preparados, *educados* para lidar com essa multiplicidade de dados, e os recolhemos como *informações*. Educados para sermos críticos, ficamos abertos e vulneráveis às informações excessivas que nos chegam a todo instante. Fazendo o exercício de outra temporalidade de consumo das informações, sentimos grande frustração de não termos tempo para nos dedicar com maior profundidade aos temas fugazes aos quais temos acesso. Não acessamos, somos acessados. Não buscamos, somos buscados. Não nos informamos, somos informados, e, mesmo que não queiramos saber, as notícias chegam até nós.

Essa sensação de impotência diante da avalanche de dados que nos caçam e nos consomem precisa ser vista de forma inversa. Olhamos os dados com as mesmas posturas aprendidas em nossos antigos e duradouros processos de escolarização. Olhamos as informações com os mesmos sentimentos e valores de quando elas eram escassas. Com a mesma disposição de consumo do tempo em que havia maior permanência dos conhecimentos.

A pretensão é ainda a de reter as informações dentro de nós, articulá-las a nossos saberes já *adquiridos, incorporá-las*, transformá-las em acervo interior e pessoal, como as velhas teorias pedagógicas nos ensinaram.

O mundo mudou. A informação – sobretudo a que não solicitamos – chega até nós e mobiliza nossa atenção e reflexão. A informação que buscamos é múltipla, mutante, fragmentada, de várias nuanças, e isso nos coloca diante da impotência em retê-la, com o máximo de profundidade. O conhecimento tornou-se algo fugidio, em meio a tanta informação e tanta atualização, que só os muito iniciantes ou pretensiosos podem garantir equivocadamente conhecer plenamente seja o que for.

A proposta pedagógica adequada a esses novos tempos precisa ser não mais a de reter em si a informação. Novos encaminhamentos e novas posturas nos orientam para a utilização de mecanismos de filtragem, seleção crítica, reflexão coletiva e dialogada sobre os focos de nossa atenção e a busca de informação. Avançar mais ainda e não protagonizar apenas a condição de ávidos consumidores de informação, mas a de produtores e leitores críticos e seletivos daquilo que merece mais cuidadosamente nosso cuidado.

Articulando essa preocupação com os espaços de fluxo ditos por Castells (1999), é preciso conhecer o nosso ritmo, a nossa velocidade, o nosso interesse e a nossa capacidade para lidar com as informações e inovações que nos chegam. Isso significa que precisamos voltar nossos esforços para a reflexão e a discussão de conceitos estruturais ligados a valores, princípios, ética, sustentabilidade, assim como ao autoconhecimento, à convivência saudável, à cidadania ativa.

É necessário discutir propostas em que convergem princípios educacionais que privilegiam não mais a aquisição de conteúdos descontextualizados e rígidos; não mais o próprio processo regrado e fragmentado de disposição de temas em disciplinas, arranjadas em estruturas fechadas que não dialogam entre si. Ou seja, propostas educacionais que têm no acesso e no uso fluente dos múltiplos meios de comunicação a possibilidade de transpor os limites físicos e temporais das salas de aula e alcançar as pessoas que querem, têm interesse e estão conectadas na mesma sintonia, independentemente do tempo e do espaço em que se encontram.

O que é preciso aprender em um momento em que a informação é farta e o tempo das pessoas é escasso? O que é preciso aprender em um mundo de trabalho em que a atualização é valorizada e a corrida não é em direção às bases do conhecimento, mas às suas mais novas facetas, às inovações, ao devir anunciado e imediatamente ultrapassado? O que é preciso aprender para conviver com relacionamentos fugazes, descontextualizados, voláteis e oportunistas?

A reflexão nos encaminha ao pensamento de Lyotard (1991) da busca de pares e parceiros que possam nos ajudar a refletir coletivamente e avançar em conhecimentos legitimados e válidos, pelo menos no circuito fechado das nossas relações. A ação é difícil e exige de nós novas atitudes como pessoas e como professores e alunos. É preciso antes de tudo que possamos assumir que não temos condições de saber tudo, mas que sabemos alguma coisa. E que, com o que sabemos, podemos contribuir para que todos possam saber mais e melhor. Que devemos estar abertos para colaborar e para receber colaboração. Como diz Lévy (1998), a organização do processo coletivo de troca e de convergência de reflexões sobre os mesmos temas nos encaminha a processos de inteligência coletiva, em que todos ganham.

Exemplos desses processos são professores em rede construindo colaborativamente seus programas, apresentando suas propostas de ação docente, oferecendo e recebendo informações, atualizações e auxílios vários. Professores e alunos em rede, conscientes da necessidade de refletir, discutir, selecionar e filtrar informações recebidas de fontes diferenciadas – livros, revistas, vídeos, internet, depoimentos e experiências vividas – sobre os mais diferentes temas.

São igualmente importantes as relações e as mediações entre professores, alunos, informações e tecnologias, para que possam discernir, em meio à profusão de ofertas de informações, o que é realmente importante para um aprendizado e o que precisa permanecer para toda a vida; o que é pontualmente importante para o desenvolvimento de habilidades e atitudes que vão auxiliar no desempenho de ações e na realização de atividades em determinadas áreas de atuação; como explorar as nuanças e especificidades das bases e meios em que as informações são disponibilizadas – textos, imagens, vídeos, sons etc. – com vistas a oferecer condições favoráveis que respeitem seus diferentes estilos de aprendizagem e os dos alunos também.

O maior desafio nessas relações é garantir a aprendizagem de todos como pessoas melhores, para que possam convergir suas atenções e interesses em aprender a lidar com as informações e com as demais pessoas com respeito, civilidade, atenção, cortesia, postura crítica e colaboração.

Mais ainda, garantir que pensem e se articulem como equipes, pois, nas estruturas de cursos a distância que utilizam tutorias, os tutores (em geral alunos de graduação ou pós-graduação) funcionam como monitores das disciplinas, sem autonomia diante do conteúdo que está sendo desenvolvido. Cria-se assim, no espaço dos cursos a distância, uma nova hierarquia docente em que professores planejam conteúdos e tutores desenvolvem ações de ensino, separando, mais uma vez, a teoria da prática docente.

Essas alterações recaem em todos os espaços da profissão. Das formas de contratação desses profissionais até os currículos dos cursos, temos "universos paralelos" na formulação de cursos que levam à mesma certificação, mas realizados de forma presencial e a distância.

Esses posicionamentos mostram a importância e a necessidade de investigação de uma nova possibilidade de formação docente em construção. Essas mudanças englobam sua formação e sua permanente atualização para lidar com todas as inovações tecnológicas disponíveis e com a própria forma de estrutura e organização curricular prevista para o desenvolvimento desses cursos.

Nesse sentido, considero, assim como Scheibe (2006, p. 212), que

> (...) cabe tanto aos cursos de formação inicial quanto aos programas de formação continuada usar articuladamente tecnologias educacionais, não como substitutivos da modalidade presencial, mas como cooperativos, garantindo nesse processo a possibilidade criativa dos professores formadores com os conteúdos e materiais didáticos. Lidar com as novas linguagens e compreender as novas formas do trabalho material é um desafio colocado para os educadores que entendem ser, hoje, a tecnologia uma realidade que impregna a vida de todos, envolvendo novas concepções de ensino e aprendizagem. Mas não representa, certamente, um valor em si mesma.

Temporalidades dos cursos de formação de professores

Os cursos de formação de professores caracterizam-se pela presença de modelos pedagógicos que privilegiam a estrutura disciplinar e a formação intelectual dos alunos. Os professores regentes das disciplinas possuem relativa autonomia na definição dos conteúdos e dos procedimentos pedagógicos. Existe ainda pouca integração e inter-relação entre as disciplinas teóricas, caracterizadas como fundamentos da formação docente, e as disciplinas que privilegiam os aspectos didático-metodológicos. Essa desarticulação, em alguns casos, conduz à formação inicial de professores sem a necessária visão e o domínio de conhecimentos, procedimentos e práticas que a atual ação educacional exige.

Por outro lado, a formação de professores na atualidade é necessária não apenas para os sistemas oficiais e regulares de ensino. Na nova sociedade da informação, o professor é elemento necessário em novos e diferentes espaços profissionais. A demanda pela educação é cada vez maior, e os professores, sobretudo os pedagogos, são requeridos para coordenar e desenvolver novas ofertas educacionais para pessoas de todas as idades, formações profissionais e necessidades de conhecimento. Sua formação, portanto, deve privilegiar todas essas oportunidades de ação profissional.

Formar professores com qualidade e conhecimento teórico e prático para atuar em múltiplas frentes, além dos espaços tradicionais da educação regular – como educação a distância; educação mediada pelas tecnologias; educação cooperativa, empreendedora inclusiva etc. –, é uma necessidade que a nova cultura e a nova sociedade exigem.

Urgência de mudanças nos tempos e nos movimentos de formação

Urgência de um novo modelo de formação

As novas tecnologias digitais de comunicação e informação produzem novos padrões de comportamentos e relacionamentos pessoais e sociais que refletem diretamente na necessidade de adoção de novos tipos de formação e *escolarização*. Essa escolarização se estende para toda a vida, com ações específicas para aprendizes de diferentes idades e formações. A educação aberta e inclusiva tem sido alvo de preocupação política em todo o mundo, como forma estratégica de garantir o desenvolvimento econômico e social na próxima década.

É nesse sentido que, em documento organizado pela Comissão Europeia, em 2011, são identificados fatores considerados grandes desafios na área educacional para a União Europeia nos próximos anos. Eles se formalizam em um programa denominado Aprendizagem ao Longo da Vida, cuja prioridade fundamental é a de

> reforçar o contributo da educação e da formação para a concretização das prioridades e dos principais objetivos da Europa 2020, a nova estratégia de crescimento para a próxima década, e gerar novos benefícios, baseando o crescimento no conhecimento, capacitando as pessoas e promovendo sociedades inclusivas, e ainda, garantindo o acesso dos cidadãos à aprendizagem ao longo da vida e ao desenvolvimento das suas competências durante toda a vida. (Comissão Europeia, s.d.)

Em termos brasileiros, o Plano Nacional de Educação (PNE), é o documento que estabelece as metas a serem alcançadas pelo país até 2020. Como apresenta a deputada Fátima Bezerra (2001, p. 15):

> A importância do PNE se expressa no seu conteúdo e nas desafiadoras diretrizes, a saber: erradicação do analfabetismo; universalização do atendimento escolar; superação das desigualdades educacionais; melhoria da qualidade de ensino; formação para o trabalho; promoção da sustentabilidade sócio-ambiental; promoção humanística, científica e tecnológica do país; estabelecimento de meta de aplicação de recursos públicos em educação como proporção do produto interno bruto; valorização dos profissionais da educação; difusão dos princípios de equidade, respeito à diversidade e gestão democrática da educação.

A leitura desse e de outros documentos[1] foi orientada pela ótica da convergência entre a formação continuada e o uso das tecnologias

---

1. Ver: European Commission (2010).

digitais na educação. A reflexão sobre esses posicionamentos nos leva a listar pressupostos para um novo modelo de formação, que considere:

- a escolarização de forma ampla e aberta, não limitada apenas à escolaridade formal (ensino básico, secundário e superior), disponível para pessoas de todas as idades, condições sociais e profissionais;
- a aquisição de conhecimentos frequentemente atualizada;
- as instituições de ensino locais proporcionadoras de amplas oportunidades nos mais diferentes níveis;
- a integração dos espaços educacionais em rede visando ao aproveitamento máximo das oportunidades de aprendizagem;
- a compreensão ampla das vantagens da utilização de novas metodologias orientadas no uso das possibilidades interativas e de convergência das tecnologias digitais em projetos educacionais;
- o fomento para iniciativas públicas e privadas de produção e divulgação de recursos educacionais abertos (REA) de grande qualidade, de amplo acesso a todas as pessoas;
- a ampliação da concepção de espaços educacionais para abranger outras instâncias, presenciais e virtuais, considerando que a aquisição de conhecimentos não ocorre apenas nos espaços formais de escolarização.

Em busca do tempo perdido

Os dilemas e desafios impostos hoje para a formação ampla e inclusiva não são novos. Há mais de uma década eles se encontram na pauta de governantes e agentes com poder de decisão. Em um documento, por exemplo, escrito por um grupo de peritos de alto nível da União Europeia (1997), um capítulo especial é dedicado ao "tempo para desenvolver e manter o capital humano". Segundo o grupo que redigiu o documento, "os trabalhadores precisarão de mais tempo para a reconversão profissional". E conclui: "Hoje, mais do que nunca, o tempo tornou-se um fator de produção fundamental e escasso".

Ao refletir sobre as necessidades de formação e o tempo, o grupo diz:

> Mas, infelizmente, o tempo não tem nenhuma das características convencionais de um fator de produção. Não pode ser acumulado, não pode ser economizado no verdadeiro sentido do termo. O tempo hoje despendido está perdido para sempre. Isto explica por que razão, ao contrário da perspectiva econômica "racional" simplista, segundo a qual uma utilização mais eficiente do tempo no trabalho ou em casa se reflete numa melhoria da situação das pessoas, que poderão utilizar cada minuto do tempo poupado para produzir ou consumir mais, é possível encontrar indícios cada vez mais evidentes de um "paradoxo temporal": as pessoas têm, com efeito, cada vez mais tempo disponível, com o aumento da longevidade e a diminuição do tempo de trabalho, mas há uma sensação crescente de falta de tempo e de restrições temporais. (*Ibid.*, p. 48)

E completa:

> As novas TICs contribuem, certamente, de uma forma significativa, para este paradoxo temporal. Quer no trabalho quer nas atividades de lazer, no processo de produção ou no consumo, os padrões tradicionais de utilização do tempo estão a ser postos em questão, colocando desafios de fundo para a sociedade, a atividade econômica e os indivíduos. (*Ibid.*)

Os desafios decorrentes das novas temporalidades mediadas são amplos e não são novos. O aumento gradual de pessoas em todo o mundo imersas na sociedade em rede, como diz Castells (1999), só amplia o problema de formação e de otimização do tempo para isso. O número de pessoas em condições e com vontade de aprender se iguala praticamente ao número de pessoas ativas. A educação se apresenta como necessidade e urgência. A síndrome do "tempo perdido" se generaliza socialmente e a busca de formação e atualização vira regra de comportamento social.

A demanda pela educação reflete-se nos educadores e em seus compromissos como pessoas e profissionais. Prover educação para todos e, ao mesmo tempo, se educar – no sentido de se aperfeiçoar e se atualizar – é o desafio social da área para todos os que nela atuam, em todos os seus tradicionais níveis de escola e nos diferenciados e ampliados espaços educacionais. A busca do "tempo perdido" é a busca paradoxal do professor em sua permanente contradição, entre ensinar e aprender.

Novos tempos de formação docente

A formação de profissionais docentes para atuar em projetos educacionais na atualidade é algo amplo, complexo e diferenciado dos programas tradicionais de formação de professores. Envolve mudanças estruturais para a incorporação de uma nova postura profissional, outra cultura, novos conceitos e novas práticas pedagógicas.

O fluxo tecnológico não para de se expandir em velocidades recordes. É para essa nova sociedade, com suas mudanças frequentes, suas cada vez mais novas tecnologias, suas novas profissões e práticas profissionais, que devemos pensar na formação desse também novo professor, para que ele saiba atuar com o máximo de qualidade, em qualquer tempo e lugar.

A mudança que se deseja em educação, com a apropriação da nova lógica mediada, não se dá apenas no plano da aquisição e da compreensão das possibilidades dos novos meios. As mudanças são profundas e englobam hábitos, posicionamentos, tratamentos diferenciados da informação e novos papéis para professores e alunos. O foco se desloca para a interação, a comunicação, a aprendizagem, a colaboração entre todos os participantes do ato educativo. Isso tudo precisa ser aprendido e vivido de forma significativa e duradoura para que os professores se sintam seguros na definição de estratégias de ação mediadas pelo computador e pela internet em suas aulas. Para isso, uma disciplina é pouco.

Há que se mudar a lógica de formação e a ação em todas as disciplinas dos currículos dos cursos de formação de professores. Só assim os futuros professores poderão construir posturas profissionais mais condizentes com a realidade atual de pleno uso da informática em todos os segmentos profissionais, sociais e pessoais.

Se olharmos a realidade dos alunos que chegam às escolas de todos os níveis na atualidade, podemos compreender que eles são diferentes. Um novo tipo de estudante, totalmente incorporado no entorno digital e em um mundo global, chega às escolas e deseja encontrar algo que os desafie e os faça refletir e ampliar seus conhecimentos e habilidades.

As teorias de aprendizagem e as metodologias de ensino há muito tempo orientam a prática docente no sentido de que o ponto de partida da ação pedagógica é de "onde os alunos se encontram". Partir do que eles conhecem, gostam e se entusiasmam para poder desenvolver com eles mudanças significativas que se configurem como "aprendizagens". Vale então a pergunta: onde estão os nossos alunos? O que sabem? Do que gostam? Como podemos partir da realidade deles para ajudá-los a aprender mais? O que aprender? De que modo?

É necessário operar mudanças radicais na formação docente. Utilizar uma tecnologia em sala de aula não é sinônimo de inovação nem de mudança significativa nas práticas tradicionais de ensino. Um bom exemplo disso são as apresentações expositivas clássicas e enfadonhas feitas com *slides* produzidos no PowerPoint.

Não é, portanto, o uso da tecnologia que vai definir a transformação necessária na formação dos docentes. Mesmo as tecnologias mais inovadoras, como os ambientes virtuais do Second Life, sucumbem a "palestras" em que os participantes se mobilizam muito para chegar ao mundo virtual e assistirem calados à palestra de um avatar. A tecnologia é de ponta, mas a prática pedagógica é anacrônica e não considera as potencialidades pedagógicas – de participação, interação, movimento, ação etc. – do meio digital.

A necessidade, portanto, não é a de usar o meio para continuar fazendo o mesmo. É preciso mudar as práticas e os hábitos docentes e aprender a trabalhar pedagogicamente de forma dinâmica e desafiadora, com o apoio e a mediação de *softwares*, programas especiais e ambientes virtuais. Em princípio, devemos compreender e nos apropriar das especificidades das inovações tecnológicas, adequando-as como inovações pedagógicas.

A inovação pedagógica midiatizada nos leva a compreender a reinvenção da presença na aula e uma organização diferente do espaço e do tempo. Alunos e professores podem se descolar do espaço físico das salas de aula e abrir-se criativamente para os muitos espaços educativos disponíveis na realidade próxima e nos espaços virtuais.

Trabalhar didaticamente com os meios é explorar ao máximo suas possibilidades é gerar desafios a partir de modelos de simulação, resolução de problemas, estudos de caso, enfim, condições que possam oferecer movimento e ação às práticas de ensino e aprendizagem dinâmica aos estudantes.

Essas ideias se incorporam às cinco teses que o renomado professor António Nóvoa escreve sobre as questões contemporâneas que afligem a formação de professores, sobretudo para o ensino fundamental. São pontos essenciais para os quais a formação e a ação de professores devem atentar:

a) assumir uma forte componente prática, centrada na aprendizagem dos alunos e no estudo de casos concretos;

b) passar para "dentro" da profissão, isto é, basear-se na aquisição de uma cultura profissional, concedendo aos professores mais experientes um papel central na formação dos mais jovens;

c) dedicar uma atenção especial às dimensões pessoais, trabalhando a capacidade de relação e de comunicação que define o tato pedagógico;

d) valorizar o trabalho em equipe e o exercício coletivo da profissão;

e) pautar-se por um princípio de responsabilidade social, favorecendo a comunicação pública e a participação dos professores no espaço público da educação. (Nóvoa 2009, p. 204)

Esses comportamentos se aliam aos seus pensamentos sobre o uso das tecnologias nas atividades da escola. Ele diz:

> As tecnologias são muito importantes e têm contribuído para algumas mudanças no ensino e na aprendizagem. Mas elas, por si só, não alterarão o nosso modelo de escola. Se perdermos o sentido humano da educação, perdemos tudo. Só um ser humano consegue educar outro ser humano. Por isso tenho insistido na importância das dimensões pessoais no exercício da profissão docente. Precisamos de professores interessantes e interessados. Precisamos de inspiradores, e não de repetidores. Pessoas que tenham vida, coisas para dizer, exemplos para dar. Educar é contar uma história, e inscrever cada criança, cada jovem, nessa história. É fazer uma viagem pela cultura, pelo conhecimento, pela criação. (Nóvoa 2010, s.p.)

"Professores interessantes e interessados", diz Nóvoa. Que ensinam e aprendem além da teoria, que vão a campo e, na prática, compreendem e incorporam as possibilidades de trabalhar de forma inovadora em sala de aula de ensino fundamental com o apoio das mídias digitais.

Formação docente e tecnologias digitais

Para iniciar, é preciso recuperar McLuhan (1996), que afirmava que as tecnologias se tornam pouco visíveis quanto mais elas se tornam familiares. À medida que incorporamos o uso de *novas tecnologias* na vida cotidiana, já não nos preocupamos tanto com o seu uso. Elas se tornam "invisíveis", já não nos causam estranhamento. Foi assim com os automóveis, os televisores, os celulares, os vídeos, e com tantas outras máquinas, das quais dominamos o seu funcionamento, atribuindo-lhes o valor relativo de uso, de acordo com as nossas necessidades e possibilidades.

O mundo vem observando um grande avanço em um novo campo do conhecimento – o das tecnologias digitais de informação e comunicação, as TICs –, que repercute com grande impacto em nossa maneira de ser, pensar e agir. Nas últimas décadas, temos aprendido a conviver com a evolução rápida dos computadores, seus periféricos e uma infinidade de programas e *softwares,* interligados em redes, o que permite o acesso imediato a bancos de dados em todo o mundo e a comunicação sem fronteiras entre as pessoas. Essa capacidade de comunicação e interação imediata propicia a formação de ambientes cada vez mais sofisticados e "naturais", a ponto de falarmos de outra realidade, a virtual.

E o que fazem as pessoas com essas informações?

Em termos limítrofes, podemos enumerar casos de crianças, jovens, donas de casa que se tornam *experts* em áreas específicas, aprendendo, trabalhando e se aperfeiçoando profissionalmente via internet. Pessoas de todas as idades, etnias, localidades e culturas que interagem no ciberespaço com as mais variadas finalidades e necessidades: conversar, trabalhar, aprender, namorar, fazer novos amigos etc. A internet garante a possibilidade e a liberdade para acessar todos os tipos de informação e fazer as mais diferenciadas atividades.

Nessas interações, novas "personalidades" são criadas, especificamente para que pessoas atuem nos espaços das redes, como habitantes das milhares de comunidades e redes virtuais. Cidadãos virtuais atuam colaborativamente nesses novos ambientes para realizar negócios, pesquisas, cirurgias, simulações, jogos, projetos, protótipos etc. Criam ou aperfeiçoam ambientes, programas ou *softwares* coletivamente, como o Linux, o Moodle e tantos outros.

O crescimento da sociedade digital nos últimos anos e as decorrentes e constantes mudanças presentes na realidade atual podem ser considerados a partir de algumas evidências:

- o número de *websites* disponíveis na internet já não é mais conhecido;

- as melhores ferramentas de busca já não conseguem buscar tudo;
- toda a movimentação digital baseia-se em determinadas lógicas de programação, que são permanentemente alteradas, revistas e ampliadas.

A velocidade, o movimento acelerado, o sentido de mudança permanente, característicos desse momento social, nos encaminha para a reflexão sobre o atual estágio do profissional estável – no caso, o professor – e para os desafios que envolvem a sua formação.

Lendo um trecho de Umberto Eco (2003) publicado no jornal *O Estado de S. Paulo*, podemos encontrar caminhos para uma reflexão mais aprofundada sobre essas questões. Diz o autor:

> Cada inovação tecnológica, cada passo adiante em direção ao progresso, sempre produziu desemprego e essa história começou com os tecelões do século 18, que quebravam as máquinas de tecer com medo de ficar sem trabalho.
> Imagino que o advento dos táxis tenha arruinado os cocheiros. (...) Mas, naquela época, as inovações demoravam razoavelmente a chegar (...). Hoje, as coisas estão mais rápidas. (...) O problema é que a aceleração dos processos inovadores cada vez mais deixará na miséria categorias inteiras. Basta pensar na crise que se abateu sobre os técnicos de máquinas de escrever no arco dos anos 80. Ou eram jovens e espertos o bastante para se tornarem especialistas em computadores ou estavam logo em maus lençóis. (...)
> Por isso, a educação profissional, diante da possibilidade de reciclagens aceleradas, deverá se tornar em grande parte formação intelectual, treinamento de *software* (...) mais que treinamento em *hardware*, em manutenção, naqueles componentes físicos de máquinas intercambiáveis que poderão ser construídas com base em outro programa.
> Para tanto, em vez de pensar em uma escola que a certo ponto se bifurca e, de uma parte, prepara para a universidade e, do outro, para o trabalho, deveria se pensar em uma escola que produzisse apenas laureados clássicos ou científicos, porque também quem for, sabe-

100 Papirus Editora

se lá, um operador ecológico do futuro, deverá ter uma formação intelectual que lhe permita um dia pensar e programar a própria reciclagem. Não é um ideal democrático e de igualdade abstrato, é a lógica do trabalho em uma sociedade informatizada, que pede educação igual para todos, para ser modelada em um alto nível, não por baixo. De outra forma, a inovação resultará sempre e somente em desemprego.

Esse texto nos coloca diante de algumas reflexões importantes. A primeira delas é a própria formação de profissionais para uma sociedade de rápidas e significativas mudanças, decorrentes, em sua maioria, do uso ampliado das mais diferenciadas tecnologias, e, principalmente, do uso cada vez mais difundido da internet ou das formas de ter acesso rápido e imediato às informações e à interação com outras pessoas e de aprender por meio delas. Esse era antes o espaço de atuação da escola.

A segunda reflexão diz respeito à própria função da educação escolar e, por consequência, dos educadores. A terceira, um desdobramento das anteriores, concerne à formação dos docentes, seus desafios e possibilidades, em um mundo permeado, partilhado e mediado pelas tecnologias. Essas considerações, derivadas das provocações postas por Eco, apresentam-se como desafios para pensarmos sobre a realidade da escola e da formação docente no Brasil na atualidade.

A formação de profissionais em constante mudança

Retomando Eco:

> (...) diante da possibilidade de reciclagens aceleradas, deverá se tornar em grande parte formação intelectual, treinamento de *software* (...) mais que treinamento em *hardware*, em manutenção, naqueles componentes físicos de máquinas intercambiáveis que poderão ser construídas com base em outro programa.

O que significaria uma "formação em *software* (e não em *hardware*)"? Seria, por exemplo, formações intelectuais flexíveis ("que poderão ser construídas com base em outro programa"), adaptáveis, voltadas para a utilização do raciocínio e para a adequação do pensamento aos desafios permanentemente novos e diferenciados que se apresentam aos educadores a cada momento? Seria a predominância de formações voltadas para o conhecimento e para a compreensão da "lógica das redes" e a autonomia do docente para a escolha do momento adequado e da metodologia mais apropriada para fazer uso dessas tecnologias em suas atividades de ensino? Seria privilegiar essa formação flexível, "mais que treinamento em *hardware*, em manutenção", ou seja, uma formação para as mudanças em educação mediadas pelas tecnologias digitais de informação e comunicação? Uma formação que vá além do simples treinamento e aprendizado em informática e no uso e manutenção de computadores e da internet em sala de aula?

A função da educação escolar nessa nova sociedade

Recuperando Eco:

> (...) para tanto, em vez de pensar em uma escola que a certo ponto se bifurca e, de uma parte, prepara para a universidade e, do outro, para o trabalho, deveria se pensar em uma escola que produzisse apenas laureados clássicos ou científicos, porque também quem for, sabe-se lá, um operador ecológico do futuro, deverá ter uma formação intelectual que lhe permita um dia pensar e programar a própria reciclagem (...).

Nessa perspectiva apontada por Eco, a função da educação escolar seria a de, em vez de dividir "e, de uma parte, preparar para a universidade e, do outro, para o trabalho, deveria se pensar em uma escola que produzisse apenas laureados clássicos ou científicos".

A proposta do referido autor considera a impotência da educação escolar em preparar profissionais atualizados, "para a universidade e para o trabalho", em virtude da velocidade com que as mudanças alteram as próprias especificidades profissionais. Centra-se, assim, na defesa de uma formação intelectual, "que produza laureados clássicos e científicos", mas com uma grande diferença. Essa formação intelectual clássica deve permitir ao aluno a autonomia na construção de seus próprios conhecimentos. "Autonomia que lhe garanta um dia pensar e programar a própria reciclagem (...)".

Direcionando o foco dessa afirmação para a formação do docente, poderíamos pensar na proposta de um professor intelectualmente bem formado, com capacidade para refletir e interagir com as informações e inovações, e com autonomia para pensar e reprogramar a sua própria prática, sabendo identificar seus limites e buscando as mais adequadas formas de atualização pedagógica e cultural para obter melhores resultados em seu desempenho profissional.

A formação docente em uma sociedade informatizada

Diz Umberto Eco:

> Não é um ideal democrático e de igualdade abstrato, é a lógica do trabalho em uma sociedade informatizada, que pede educação igual para todos, para ser modelada em um alto nível, não por baixo. De outra forma, a inovação resultará sempre e somente em desemprego.

Essa educação igual para todos, prevista por Eco, leva-nos a pensar na proposta de Morin (2000). Para esse autor, a hiperespecialização precoce prejudica a percepção global, pois fragmenta o conhecimento em parcelas e não consegue garantir a excelência na formação, nem profissional nem acadêmica. Uma educação ampla, que não dilua nem fragmente o conhecimento em parcelas, torna-se mais abrangente e mais capaz de interpretar criticamente uma crise ou um problema da nossa contemporaneidade.

Nessa perspectiva, a proposta de Morin para a reformulação da educação escolar vai ao encontro de um conhecimento formado a partir da transdisciplinaridade, ou seja, a articulação pedagógica de diversas áreas e subáreas do conhecimento. Essa reformulação significa o fim da cisão burocrática e disciplinar entre as ciências e as humanidades e, mais do que isso, entre as ciências da natureza e a cultura.

Comentando as ideias de Morin, Waldenir Caldas diz (2000, p. 218) que:

> o conhecimento organizado dessa forma relacionaria as informações que constituem parcelas dispersas do saber a toda uma estrutura sincrônica, orgânica de um saber plural. Seria esse o meio mais eficiente de fazer com que o homem esteja sempre atualizado e atento à gigantesca proliferação de conhecimentos e aos grandes desafios de nossa época. "A cabeça bem-feita" (alusão à frase de Montaigne: "Mais vale uma cabeça bem-feita do que uma cabeça cheia") é uma cabeça apta a organizar os conhecimentos e, com isso, evitar sua acumulação estéril.

Essa organização interdisciplinar dos conhecimentos requer, no entanto, a própria reforma do pensamento, diz Caldas. E continua:

> A realidade, seja qual for sua procedência (política, social, religiosa), deve ser reconhecida e tratada, simultaneamente, de forma solidária e conflituosa. A diferença deve ser respeitada. A unicidade, reconhecida (...). É necessário estimular o pensamento plural, multidimensional, que aproxima, une e distingue. (*Ibid.*)

Ou ainda, como diz Morin (2000, p. 89),

> é preciso substituir um pensamento disjuntivo e redutor por um pensamento do complexo, no sentido originário do termo *complexus*: o que é tecido junto. Isso é a reforma do pensamento. É também a melhor forma de romper com os velhos dogmas reducionistas de explicação pela via mais elementar.

Esses autores nos encaminham para pensarmos em propostas para a formação de professores, no atual estágio da nossa sociedade, que não sejam apenas a mera distribuição burocrática de conteúdos e competências em um dado currículo profissionalizante. O que se propõe é uma formação intelectual de alta qualidade, baseada na reforma do pensamento, com o objetivo de levar aos educadores uma visão-concepção mais sistêmica do conhecimento, e na autonomia de suas ações. Propostas educacionais que objetivem a formação de intelectuais polivalentes, capazes de lidar com a pluralidade de conhecimentos, conhecedores de seus limites e com autonomia para realizar a programação de reciclagens e atualizações de suas próprias capacidades.

Reunindo-se a essas proposições as apresentadas pelo relatório da Unesco, organizado por Jacques Delors (1998, pp. 89-102), em que são apresentados os quatro pilares para a educação contemporânea, vemos que as mudanças atingem o ponto central da educação e a retiram do foco de *ensinar conteúdos disciplinares* para uma visão mais abrangente e adequada às necessidades atuais de todos os cidadãos, professores inclusive. Como diz Delors (*ibid.*),

> (...) uma resposta puramente quantitativa à necessidade insaciável de educação – uma bagagem escolar cada vez mais pesada – já não é possível nem mesmo adequada. Não basta, de fato, que cada um acumule no começo da vida uma determinada quantidade de conhecimentos de que possa abastecer-se indefinidamente.

Para poder responder ao conjunto das suas missões, a educação deve organizar-se em torno de quatro aprendizagens fundamentais que, ao longo de toda a vida, serão, de algum modo, para cada indivíduo, os pilares do conhecimento: aprender a conhecer, isto é, adquirir os instrumentos da compreensão; aprender a fazer, para poder agir sobre o meio envolvente; aprender a viver juntos, a fim de participar e cooperar com os outros em todas as atividades humanas; e, finalmente, aprender a ser, via essencial que integra as três precedentes. É claro que essas quatro vias do saber constituem apenas uma, dado que existem entre elas múltiplos pontos de contato, de relacionamento e de permuta.

Mas, como regra geral, o ensino formal orienta-se, essencialmente, se não exclusivamente, para o aprender a conhecer, e, em menor escala, para o aprender a fazer. As duas outras aprendizagens dependem, a maior parte das vezes, de circunstâncias aleatórias quando não são tidas, de algum modo, como prolongamento natural das duas primeiras.

Ora, a Comissão pensa que cada um dos quatro pilares do conhecimento deve ser objeto de atenção igual por parte do ensino estruturado, a fim de que a educação apareça como uma experiência global a levar a cabo ao longo de toda a vida, nos planos cognitivo e prático, para o indivíduo como pessoa e membro da sociedade.

> (...) Uma nova concepção ampliada de educação devia fazer com que todos pudessem descobrir, reanimar e fortalecer o seu potencial criativo – revelar o tesouro escondido em cada um de nós. Isto supõe que se ultrapasse a visão puramente instrumental da educação, considerada como a via obrigatória para obter certos resultados (saber-fazer, aquisição de capacidades diversas, fins de ordem econômica), e se passe a considerá-la em toda a sua plenitude: realização da pessoa que, na sua totalidade, aprende a ser. (*Ibid.*)

Considero que, além dessas quatro "aprendizagens fundamentais", propostas por Delors e sua equipe, há a necessidade da incorporação de, pelo menos, outro conceito, que se reflete em atitudes e valores para *aprender a criar*. Essa nova concepção redimensiona os demais pilares, colocando-os não mais como reprodutores de conhecimentos já disponíveis, mas lançando-os para um movimento de redescoberta, inovação e mudança, tão valorizado neste momento sociotecnológico atual.

Essa pessoa – que aprende a ser, a conviver, a fazer, a conhecer e a criar – deve ser também a base de estruturação de caminhos para a formação desse novo professor, que atua em rede, com todos, em qualquer modalidade de ensino, em qualquer lugar.

Um professor que consegue enfrentar as diferentes realidades educacionais brasileiras e adequar suas estratégias de acordo com as necessidades de seus alunos e os suportes tecnológicos que tenha a sua disposição. Um professor para novas educações, que saiba trabalhar em equipe e conviver com pessoas com diferentes tipos de formação e objetivos (alunos, técnicos, outros professores), para que, unidos, possam oferecer o melhor de si a fim de que todos possam aprender.

Um novo professor-cidadão preocupado com sua função e com sua atualização. Um profissional que conheça a si mesmo e saiba contextualizar suas melhores competências e seus limites para poder superar-se a cada momento. É de um professor assim, flexível, competente, humano e compreensivo, que o ensino em tempos de mudança precisa.

7
NOVOS DESAFIOS DA EaD
PARA A FORMAÇÃO DE PROFESSORES

A educação a distância (EaD) é a modalidade educacional que mais tem crescido nos últimos anos no Brasil. O Ministério da Educação e a legislação brasileira, a partir da lei 9.394/96, têm gradativamente apresentado a EaD como forma viável de alcançar o ideal democrático de educação para todos, em todos os tempos e em todos os lugares. A educação a distância é uma das poucas oportunidades de garantir o acesso à educação e à formação de todos os brasileiros, independentemente do local em que estes morem e das condições concretas em que vivem.

Unem-se, nos projetos educacionais a distância, cidadãos que habitam os mais diversos espaços do território brasileiro e outros que, em diferenciados locais do mundo, queiram aprender mais do que conteúdos em português. Pessoas que estão impedidas – temporária ou permanentemente – de se deslocar até os espaços físicos das escolas. Trabalhadores, profissionais das mais diversas idades e formações, que reconhecem nos cursos oferecidos a distância a oportunidade de se atualizarem, de aprenderem mais, otimizando seus escassos tempos livres.

Pessoas que aprendem os conteúdos mais diversos e ainda os valores, as atitudes, a cultura e a maneira comunicativa com que nós, brasileiros, nos relacionamos em classe.

Apoiada em suportes tecnológicos variados, a educação a distância é, sobretudo, uma forma diferenciada de ensinar e aprender. Os aspectos pedagógicos do processo se sobressaem para definir a qualidade do projeto educacional a distância. Em termos educacionais, não estamos falando de pacotes de informações que são entregues a alunos indiferenciados. Estamos falando de boa educação, daquela que está comprometida com o alcance de objetivos ligados a um conhecimento específico, mas também procura proporcionar aos alunos o desenvolvimento de novas habilidades, a descoberta das potencialidades, da autoestima, das relações saudáveis de convivência, do respeito ao outro, da cooperação e da cidadania.

A EaD – acrônimo como conhecemos a modalidade educação a distância – tem na própria legislação uma definição que vai além da simples "entrega" de conteúdos mediados pelas tecnologias. O decreto 5.622/2005, que regulamenta a educação a distância no Brasil, caracteriza-a como modalidade educacional na qual a mediação didático-pedagógica nos processos de ensino e aprendizagem ocorre com a utilização de meios e tecnologias de informação e comunicação, com estudantes e professores desenvolvendo atividades educativas em lugares ou tempos diversos. Em seu parágrafo primeiro, o mesmo decreto determina ainda que a "educação a distância organiza-se segundo metodologia, gestão e avaliação peculiares".

A definição legal, via decreto, já nos encaminha para alguns aspectos centrais que garantem as especificidades da EaD. São eles:

- a utilização das tecnologias de informação e comunicação para a realização da mediação didático-pedagógica;
- o fato de professores e alunos estarem em lugares e/ou tempos diversos;
- a peculiaridade da organização metodológica, da gestão e da avaliação em cursos a distância.

Ainda que a modalidade EaD seja assim legalmente reconhecida na esfera educacional, é preciso maior precisão para discriminar, dentro do amplo âmbito com que a educação a distância pode ser oferecida, as suas modalidades e as especificidades correspondentes.

Assim, existe grande diversidade na organização metodológica, na gestão e na avaliação de cursos a distância oferecidos, por exemplo, via impressa (os tradicionais cursos por correspondência, por sinal, segundo a mesma pesquisa da Abraead, os de maior número de alunos no Brasil) e os cursos imersivos e colaborativos, *on-line*. Não há como comparar, ou igualar também, os novos projetos educacionais – que mobilizam professores e alunos via celular e ambientes virtuais na internet –, essencialmente bem diferentes dos cursos em teleconferência, videoconferência ou *webconferência* e a reunião dos alunos em polos presenciais. Mais diferentes ainda são os mais novos centros de estudos existentes nos mundos virtuais tridimensionais, como Second Life, já utilizados em centenas de universidades estrangeiras, em que, incorporados em avatares, alunos e professores se movimentam, interagem, enfrentam desafios e aprendem.

Em termos pedagógicos, as necessidades de planejamento e organização de atividades educacionais, mediadas pelas tecnologias e sistemas acima citados, são totalmente diferentes. Os usos de diferentes tecnologias digitais, por exemplo, em cursos presenciais, demandam novas habilidades dos docentes, além de estratégias e dinâmicas diversificadas para apresentação em sala de aula. Muita coisa muda: desde a apresentação e a organização dos conteúdos, até a realização de atividades, a distribuição dos tempos, a definição das formas de participação de professores e alunos e o processo de avaliação. Em cursos a distância, tudo se torna ainda mais complexo.

Os cursos a distância desenvolvidos em LMS, ou seja, ambientes virtuais de aprendizagem, por exemplo, possuem filosofias, abordagens epistemológicas, dinâmicas e posicionamentos teóricos próprios. As possibilidades de interação e comunicação das tecnologias digitais facilitam a reorientação do foco do processo educacional para a preocupação maior com a aprendizagem e a participação personalizada do aluno, com seus tempos, seus ritmos e seus estilos de aprendizagem. A complexidade das tecnologias e dos sistemas envolvidos reforça a importância do trabalho em equipes. A manutenção dos registros e das informações sobre todos os movimentos e procedimentos realizados por alunos e professores nos cursos virtuais garante o controle, o retorno ao que já foi trabalhado, discutido e refletido coletivamente. A garantia de acesso de qualquer local, tempo e horário viabiliza o trabalho individual e, ao mesmo tempo, facilita a organização de equipes e o trabalho colaborativo entre alunos que estão muito distantes, às vezes em fusos horários diferentes.

Para o planejamento, a organização, o desenvolvimento, a avaliação e a definição de todas essas ações, os cursos a distância não prescindem de professores. Ao contrário, os professores são fundamentais no processo. É preciso, no entanto, que eles estejam preparados para o desafio do que seja "professorar" a distância.

Nesse sentido, ainda no mesmo decreto 5.622/2005, no parágrafo 8 do artigo 12 – em que são apresentados os requisitos para que uma instituição possa ser credenciada para o oferecimento de educação a distância –, é informado que a instituição precisa "apresentar corpo docente com as qualificações exigidas na legislação em vigor, e preferencialmente, com formação para o trabalho com educação a distância".

Chega-se assim a um dos desafios principais para a realidade brasileira em educação: a EaD e a necessidade de formação de professores para "o trabalho em educação a distância". Invertendo agora a ordem dos temas, convido-os a refletir sobre a formação dos professores em duas perspectivas diferentes. A formação de professores para que *assumam* a docência a distância e a formação de professores a distância, em qualquer nível de ensino, área, modalidade ou momento, seja ele inicial ou continuado.

O ideal seria unir essas duas proposições e pensar na formação desse professor: um professor que saiba compreender os novos desafios à educação e desempenhar profissionalmente bem sua função e profissão, independentemente de a modalidade ser presencial ou a distância.

Essa condição ideal exige pensar e querer ainda mais, ou seja, que as barreiras entre ambas as modalidades – presencial e a distância – sejam diluídas; que a formação permanente desse profissional possa estar sempre disponível, com qualidade e de forma financeiramente viável para sua atualização; que o poder desestabilizador das inovações tecnológicas possa ser encarado como um desafio para aprendizagens novas e úteis pelos docentes; que haja condições para aplicar o que foi aprendido, com a garantia de atuação em espaços com infraestrutura satisfatória e em condições dignas e favoráveis; e que, no exercício da docência, possamos ter um professor bem formado, atualizado, satisfeito e orgulhoso do seu trabalho, bem-sucedido, dignamente remunerado, reconhecido e respeitado como profissional e como pessoa: um professor-cidadão.

Formação de professores para EaD

Como vimos, a modalidade de educação a distância é ampla e abrange diferenciados tipos de oferta de cursos, reconhecidos pela ênfase em determinado suporte tecnológico. Existem, no entanto, alguns pontos comuns e específicos da EaD. Um deles é o planejamento detalhado de todos os momentos do processo educacional. Outro ponto é a expressiva necessidade de se preocupar com o aluno distante e trazê-lo ao convívio, à comunicação, à ação. O cuidado com a comunicabilidade da informação, seja no conteúdo a ser trabalhado, seja nas mensagens orientadoras do professor aos alunos, é também motivo de preocupação constante em cursos que prezam pela qualidade, ou seja, que tenham como objetivo fundamental a aprendizagem significativa dos alunos, de modo geral, e de cada aluno, em particular.

A complexidade de organização dos cursos a distância exige a atuação em equipes. As competências necessárias a um professor em um curso a distância são tantas que não se pode pensar em sua atuação isolada. Entretanto, não podemos deixar que a atuação multifacetada e segmentada de professores, existente em grandes projetos educacionais a distância, seja a marca que caracteriza a identidade docente como a de um outro profissional. Ele se transforma, segundo Belloni (2001), de um professor com identidade individual para uma identidade coletiva chamada "professor".

As múltiplas funções do professor em EaD são caracterizadas na prática com os seguintes nomes: formador, conceptor, orientador, tutor, monitor etc. De modo geral, essas funções são segmentadas e isoladas, dividindo-se na prática o processo pedagógico entre os que pesquisam, selecionam e apresentam os conteúdos e temas a serem trabalhados em situações de ensino; os que planejam, selecionam e desenvolvem as estratégias e atividades a serem trabalhadas pelos alunos; os que acompanham os alunos e são responsáveis pelas interações, comunicações, respostas às dúvidas e encaminhamento das atividades; e os que organizam ou apenas monitoram as atividades presenciais, entre outras.

O risco é grande de a segmentação contribuir para a distribuição fordista das funções e perder-se a garantia da relação educacional colaborativa, baseada na interação e na comunicação entre todos os participantes do processo. Essa possibilidade não depende apenas da boa vontade dos profissionais envolvidos, mas de uma proposta educacional que valorize a interação e a comunicação interna entre os diferentes membros das equipes responsáveis pelo processo educacional a distância.

Para isso é preciso também pensar em projetos de formação de professores que lhes garantam condições de compreensão e atuação em diferentes fases do processo de organização dos cursos: da concepção e planejamento à sua viabilização e avaliação.

Uma formação abrangente e orientada que envolva o conhecimento do processo pedagógico, a seleção e adequação da proposta de curso ou disciplina às especificidades dos meios tecnológicos envolvidos, a gestão do processo educacional em rede, a produção de materiais comunicativos, a condução dos processos e estratégias para acolhimento e permanência dos alunos em estado de aprendizagem permanente, entre

114   Papirus Editora

tantas outras necessidades que são específicas dos múltiplos tipos de oferta de modalidades de cursos a distância.

Essa formação, infelizmente, não vem sendo contemplada com os mesmos índices de crescimento dos cursos e dos alunos a distância. Professores para EaD, formados e qualificados para o desenvolvimento de atividades educacionais a distância, com a especificidade que essas mídias requerem, ainda são poucos.

Há um grande mistério nessa equação. Quem educa os educadores dos cursos a distância? Como eles estão sendo formados e informados para o exercício da ação docente remota? Como planejam, desenvolvem, avaliam e viabilizam suas aulas?

A formação de professores para EaD é necessária e indispensável para não retornarmos, após décadas de avanço na relação teoria e prática pedagógica, a um modelo ultrapassado em que se dividem funções e não se articulam ações. Mais ainda. A concepção, o planejamento, a execução e a avaliação de e em cursos a distância exigem uma formação específica e complexa, que não vem sendo contemplada e exigida aos cursos de formação de professores existentes.

É preciso ter em mente que as escolas de todos os níveis são instituições sociais, relacionadas às necessidades de manutenção da cultura e de formação em cada momento de existência da sociedade, que nela se refletem. A evolução acelerada das tecnologias altera significativamente as necessidades sociais de cada grupo. Tecnologias inovadoras surgem a cada momento e exigem estruturas e organizações diferenciadas para a sua viabilização em projetos educacionais.

Não se trata, portanto, nos projetos educacionais de formação de professores para atuar em EaD, de termos fragmentações e divisões que contemplem a formação de professores-conteudistas, professores-tutores, professores-formadores e tantas outras denominações oportunistas.

Trata-se, sobretudo, da formação de professores que tenham consciência e conhecimento da lógica, da finalidade, da importância e do processo a ser desencadeado para o oferecimento de cursos a distância com a máxima qualidade, a fim de que possam dar sua contribuição para que ocorra a melhor aprendizagem dos alunos.

O desconhecimento, a negação, a rejeição do processo e dos procedimentos necessários para a viabilização dos cursos a distância de qualidade não impedem que eles proliferem de forma mercantilista e acrítica, sob a forma de pacotes importados e "tropicalizados".

Não vamos impedir a expansão de cursos prontos em EaD apenas com a nossa manifestação de repulsa a essas práticas nada educativas. É preciso mais. É preciso que formemos bons profissionais-professores, os quais tenham autonomia em seus conhecimentos em EaD, que saibam lidar, planejar e executar uma educação de qualidade, em face da amplitude da realidade brasileira: da miséria das escolas sem paredes aos usos de diferenciados e inovadores recursos tecnológicos em atividades presenciais e/ou a distância.

Essa formação não é rápida, nem tampouco fácil, e decorre da vontade política dos sistemas. Define-se nos formatos com que os cursos em EaD são legalmente credenciados, viabilizando-se a partir das exigências e controles com que o poder governamental fiscaliza e avalia as iniciativas em andamento, e articulando-se com a reforma geral da organização da educação, das estruturas e do funcionamento das escolas, e com a valorização dos docentes, de todos os níveis.

Formação de professores pela EaD

Várias são as iniciativas de formação de docentes a distância. Nos credenciamentos pelo MEC de cursos dessa modalidade, mais de 90% são cursos de formação de professores!

No entanto, muitas dessas iniciativas recuperam o caráter supletivo tradicionalmente outorgado à EaD, oferecendo, em massa, programas de certificação em nível de $3^{\underline{o}}$ grau, para os docentes em exercício nas redes públicas estaduais e municipais.

Em estudo feito em São Paulo, Andrade (2007) analisou cursos desse tipo e concluiu que eles eram realizados dentro de modelos clássicos de ensino expositivo, via videoconferência, recaindo na recepção passiva ou na ação autoformativa. A lógica presente nesses cursos é a de formação como doação de informações, ação exterior enclausurada e fechada em programas rígidos que desconsideram a própria especificidade dos meios utilizados e as "histórias e trajetórias pessoais e profissionais ali presentes" (p. 154).

Ao contrário disso, a formação de professores a distância pode ter outro caráter, totalmente diferenciado. Como trabalhadores que atuam tradicionalmente de forma isolada e solitária, os professores podem beneficiar-se das múltiplas possibilidades dos ambientes virtuais para aprender na teoria e na prática o que precisam para transformar suas formas de ensinar e aprender.

Organizados em redes, professores-alunos e alunos-professores podem refletir, discutir, interagir uns com os outros e criar novas formas de procedimentos pedagógicos que os auxiliem na prática profissional: presencial ou a distância. Com isso, eles aprendem os princípios e as práticas de como atuar em equipes, vivenciam e incorporam novas formas de ensinar e aprender, mediadas por tecnologias inovadoras, em colaboração e interação, e consideram e praticam a formação de coletivos pensantes, que, como diz Pierre Lévy (1998), contribuam para o enriquecimento conceitual e de valores pessoais de todos os envolvidos.

Novos papéis para professores e alunos são desejados no momento social em que nos encontramos. Como modalidade educativa, a EaD objetiva o pleno desenvolvimento do educando, preparando-o para o exercício da cidadania e qualificando-o para o trabalho, como expressam as diretrizes da educação nacional.

A formação de professores via EaD pode ser feita com maior qualidade, desde que todos compreendam a necessidade de mudanças nas estruturas e na qualidade da educação. Mudanças não apenas em relação à fluência no uso e conhecimento da lógica que permeia as mais novas tecnologias digitais, mas também quanto ao significado que o acesso à informação e as possibilidades de interação e comunicação trazem para a prática pedagógica.

Desenvolver cursos de formação de professores a distância utilizando as mais novas possibilidades tecnológicas, com velhos conteúdos e práticas pedagógicas obsoletas, é um desserviço à educação e à sociedade. É reforçar ainda mais o fosso que separa a preocupação com o oferecimento de educação de qualidade – base para o crescimento e o desenvolvimento do país em uma era em que se privilegia o conhecimento – e a realidade educacional brasileira, com todos os seus atrasos, dificuldades e imperfeições.

Novas temporalidades e ações para o docente

O ensino a distância de qualidade, desenvolvido pela internet com as pessoas conectadas e em permanente interação, exige grande dedicação e participação de professores e alunos. É preciso que o ambiente de aprendizagem *on-line* seja acessado continuamente por todos os participantes.

Dos professores são exigidas novas competências e novas formas de atuação para o planejamento e o desenvolvimento das disciplinas. Todos os produtores de cursos nessa modalidade precisam ter clareza das particularidades do ensino e da aprendizagem a distância e das diferenças que elas representam no processo e nas relações entre professores, alunos e conteúdos.

Para começar, a instituição que oferece cursos a distância deve contar com uma estrutura tecnológica e uma equipe para planejar, desenvolver e oferecer seu curso. É essencial que haja equipes que atuem integradas, com profissionais de diferenciadas formações, para planejar, produzir, desenvolver as atividades e manter o ambiente *on-line* em que os cursos serão oferecidos.

No que diz respeito especificamente ao trabalho *on-line* do docente, de acordo com os autores do livro *147 pratical tips for teaching online groups*, o bom professor deve, antes de começar a organizar o seu curso, conhecer a si mesmo como professor, ou seja, identificar sua filosofia e suas concepções sobre o ensino e a aprendizagem. Ele precisa também, de acordo com as autoras, conhecer as condições da organização em que vai oferecer seu curso, incluindo o conhecimento das pessoas que estarão na equipe de desenvolvimento e o ambiente virtual.

Algumas habilidades apresentadas pelas autoras devem ser consideradas no planejamento e no desenvolvimento dos cursos. Elas vão além do conhecimento sobre a tecnologia digital e os recursos disponíveis nos ambientes virtuais. Envolvem a capacidade do professor de criar múltiplos espaços de trabalho *on-line*, plenos de interação; ambientes seguros que superem a falta da presença física por meio de relacionamentos pessoais; a formação de comunidades de aprendizagem e o respeito entre todos os participantes.

Em relação aos aprendizes, os mesmos autores dizem que é esperado que eles estejam presentes *on-line* e evitem a observação passiva; que possam criar e compartilhar conhecimentos e experiências, que sejam estimulados a serem proativos e atuantes, entre outras competências.

No ensino a distância *on-line*, além da não limitação ao espaço físico e temporal da sala de aula, cabe ao aluno a escolha do melhor horário e do local mais adequado para estudar. O ensino a distância exige, portanto, maior responsabilidade e disciplina por parte do aluno. Ele precisa planejar bem seus tempos de estudo, a interação com colegas e professores e o acompanhamento do cronograma das matérias para não se atrasar ou acumular conteúdos que, depois, ficam difíceis de ser estudados "de virada". Acesso e participação frequentes ao ambiente virtual e realização das atividades de acordo com o cronograma do curso são condições importantes a serem observadas pelos alunos para que eles possam estudar e aprender a distância.

Em relação ao professor que atua em cursos *on-line*, novas temporalidades docentes precisam ser assumidas para que ele possa planejar, desenvolver e executar as aulas previstas. Novos agentes são integrados para a viabilização dos processos educativos, que atuam de forma síncrona ou assíncrona, muito tempo antes de o curso estar em andamento. São professores e técnicos que atuam em conjunto (ou sucessivamente) em diferenciadas funções: conteudistas, roteiristas, *designers* instrucionais, *webdesigners*, programadores, tutores.

As instituições de ensino que estão se propondo a trabalhar com educação a distância têm de ficar atentas a esta questão: é preciso capacitar seus professores para trabalharem com a educação a distância e, mais ainda, conseguir que eles possam atuar coletivamente, integrados em equipes com os demais profissionais, viabilizando, assim, o oferecimento bem-sucedido das atividades nos espaços virtuais.

8
TEMPORALIDADES DOCENTES NOS AMBIENTES VIRTUAIS

O domínio dos ambientes virtuais pelos docentes

É fato. A banalização do uso dos meios digitais na educação gerou nos professores a necessidade de ampliar os espaços de suas salas de aula, com a incorporação de ambientes virtuais. Essa ampliação ou transposição do espaço físico da aula para a virtualidade do ciberespaço não pode ser compreendida em um único modelo de ação do docente. Para melhor refletirmos sobre o tema, precisamos restringir o nosso foco.

Para começar, vamos considerar um professor que pretenda dominar a nova mídia – o ambiente virtual – para o oferecimento de cursos. Para alcançar tal intuito, a ação desse professor deve se dar, basicamente, em três momentos distintos: no planejamento; na produção do curso; e no oferecimento no ambiente virtual. Muitas são as ações dos docentes para cada um desses momentos. Sem aprofundarmos agora em cada um deles, vamos refletir sobre as estruturas gerais que orientam a organização de propostas educacionais nessas novas bases.

Iniciamos com uma constatação óbvia sobre os ambientes virtuais: trata-se de um novo espaço de atuação docente. Um espaço amplo que precisa ser explorado, conhecido, compreendido e dominado pelos seus mais novos ocupantes: os professores. Para que essa posse ocorra, é preciso conhecer o ambiente virtual e as possibilidades de uso com finalidades educativas. Uma das trilhas para começar a ter esse domínio está no entendimento das mudanças no espaço e no tempo da ação educativa a partir do acesso aos ambientes virtuais.

A primeira constatação é de que o ambiente virtual por excelência é o próprio ciberespaço. Nesse sentido, concordo com Santos (2003, s.p.) quando diz que:

> O ciberespaço é muito mais que um meio de comunicação ou mídia. Ele reúne, integra e redimensiona uma infinidade de mídias e interfaces... Neste sentido o ciberespaço, além de se estruturar como um ambiente virtual de aprendizagem universal que conecta redes sócio-técnicas do mundo inteiro, permite que grupos/sujeitos possam formar comunidades virtuais fundadas para fins bem específicos, a exemplo das comunidades de *e-learning*.

Cientes das amplas possibilidades do ciberespaço, podemos restringir o nosso foco para os *softwares* que possibilitam o desenvolvimento de ações educacionais *on-line,* ou seja, os ambientes virtuais de aprendizagem, ou AVAs.[1]

Os AVAs integram vários recursos para o desenvolvimento de ações educacionais. Nesse sentido, o paralelo com as "salas de aula" presenciais são frequentes. No entanto, é preciso compreender a diferença que existe entre esses dois ambientes. Esta, talvez, possa ser a primeira das competências dos docentes para trabalhar nos ambientes virtuais: compreender as especificidades e as possibilidades dos ambientes virtuais.

---

1. AVA é o acrônimo para "ambiente virtual de aprendizagem". É um dos nomes com que esses *softwares* são denominados. Outra denominação de amplo uso é LMS (do inglês *Learning Management System*).

Sem a caracterização do ambiente virtual como sala de aula, é preciso definir esse recurso como um novo espaço educacional, ou seja, como o ponto de partida para a ação educativa. Suas funcionalidades garantem-lhe a condição de espaço de convergência, rampa de acesso ao ciberespaço e a tudo o que ele possa conter, para garantir a aprendizagem de um grupo de pessoas sobre determinado assunto.

O ambiente virtual não é um espaço restrito e fechado – como muitos consideram –, mas uma oportunidade para reunir as pessoas e seguir adiante, de acordo com os limites da proposta pedagógica que se pretende desenvolver. Por meio do AVA, é possível explorar e usar infinitos recursos de áudio, texto, imagens, movimentos etc.

O AVA não se fecha como espaço virtual. Ao contrário, em movimentos individuais ou coletivos, é possível imergir e vivenciar situações diferenciadas, localizadas no ambiente ou fora dele.

É claro que existem diferenças e especificidades. Os ambientes virtuais não são todos iguais, antes, refletem concepções e teorias educacionais que estão nas bases dos conhecimentos e nas "crenças" dos seus desenvolvedores.

Assim, a análise crítica dos ambientes virtuais disponíveis nos mostra que estão em uso ambientes baseados em diferenciadas concepções do que é ensino e aprendizagem.

Muitos dos ambientes virtuais disponíveis refletem concepções rígidas e formais de ensino-aprendizagem. Nesses, o grau de liberdade de alunos e, em alguns casos, até mesmo de professores, é restrito. Estruturas hierárquicas reduzem as possibilidades de interação e comunicação entre as partes. Em algumas situações, o aluno se limita a responder a questões previsíveis e com gabaritos predefinidos. A construção coletiva, a organização em grupos ou a interação entre os participantes é reduzida ou inexistente como funcionalidade disponível no ambiente.

Esses ambientes mais fechados são orientados por concepções behavioristas e suas várias derivações, que definem papéis segmentados e hierarquicamente definidos para quem ensina e quem aprende. Em muitos deles, a hierarquia é determinada pelo poder supremo dos técnicos, que possuem as mesmas visões fechadas e anacrônicas do que seja ensinar e aprender. Nesses ambientes, a participação dos alunos é restrita: eles devem ler e responder apenas ao que lhes é solicitado ou realizar as atividades propostas, com *feedbacks* automáticos e despersonalizados. Reforço puro.

No outro extremo, ambientes totalmente abertos exigem dos professores uma definição bem precisa das suas próprias concepções de ensino e, sobretudo, o que esperam com a participação dos alunos em relação a aprendizagens cognitivas e comportamentais, por exemplo.

O domínio das possibilidades oferecidas pelo ambiente virtual engloba o conhecimento sobre "as condições em que a aprendizagem se realiza (estrutura), os modos pelos quais os estudantes são capazes de interagir sendo apoiados nas suas atividades (processos) e o alcance dos objetivos e das metas propostas (resultados)" (Laguardia, Portela e Vasconcellos 2007).

Nesse sentido, não é o professor que precisa se adequar ao ambiente virtual no formato como lhe é disponibilizado. O domínio requer que o professor compreenda a "teoria de aprendizagem" segundo a qual o ambiente foi formulado e a articule com a sua própria base de conhecimentos e posicionamentos.

São reflexões prévias do docente para interagir e conhecer esses novos espaços profissionais e que englobam a identificação entre suas concepções sobre as relações entre ensino e aprendizagem e as possibilidades do ambiente para viabilizá-las. Ou seja, é necessário que o professor compreenda o que pretende desenvolver e o que ele espera que os alunos aprendam. Que articule essas concepções com as funcionalidades propostas e que busque condições para que elas se efetivem na proposta pedagógica do curso *on-line*.

De forma mais detalhada, é preciso que haja sincronia entre os objetivos de aprendizagem propostos e a forma como serão desenvolvidas as atividades didáticas no AVA para a sua viabilização e, até mesmo, para a superação por parte dos alunos. É preciso fazer mais e melhor, indo além do que lhes é oferecido.

Para a efetivação desse domínio, é fundamental que os professores e toda a equipe pedagógica compreendam as potencialidades e as limitações do ambiente disponível para o desenvolvimento dessas ações. Essa compreensão, no entanto, não é para configurar o ato pedagógico nos limites do ambiente, mas para superar, ir além. Ao compreendermos que o ambiente virtual mais amplo e disponível para todas as aprendizagens é o próprio ciberespaço, não há por que restringirmos nossas aulas às "paredes virtuais" do AVA disponível.

O que o AVA não oferece deve ser procurado no cibespaço. Há grande possibilidade de encontrar o que for preciso para a dinamização da aula *on-line* nas novas bases, externas ao ambiente virtual. O que é preciso é saber como dar o salto. Identificar onde, quando e como chegaremos nos espaços que vão viabilizar nossas propostas de ação didática para o alcance dos objetivos previstos e muito mais. Para isso, a comunidade de apoio formada pela equipe de desenvolvimento do curso precisa ser acionada, estar disponível e comungar da mesma preocupação pedagógica. Técnicos não devem estar disponíveis para limitar e restringir o ato pedagógico ao perímetro do ambiente virtual; ao contrário, com os conhecimentos tecnológicos que precisam possuir, eles podem e devem oferecer opções inovadoras, amplas, abertas, para que as ações educacionais ocorram com o máximo de grandeza e oportunidades de aprendizagem.

Para isso, é necessário conhecer e viabilizar as melhores condições de participação e interação dos alunos com os demais colegas, professores, tutores e técnicos, assim como com os conteúdos apresentados em formatos diferenciados (textos, imagens, áudio etc.). E também oferecer oportunidades de aprendizagens lúdicas, com *games* e desafios colaborativos, que vão bem além da aprendizagem de conteúdos, mas possibilitam a vivência e a incorporação de valores, habilidades novas e atitudes fundamentais para o convívio em sociedade, como respeito ao outro, disciplina, responsabilidade etc. Ambientes virtuais mais abertos – como o Moodle, por exemplo – oferecem oportunidades de desenvolvimento de projetos educacionais participativos e plenos de interação. Eles também se ajustam a concepções mais rígidas e formais de ensino-aprendizagem, com limitações nos papéis dos alunos e em suas condições de interação e comunicação.

A compreensão dos limites espaciais do ambiente pelos docentes resulta na apropriação adequada dos recursos disponíveis e no desenvolvimento de estratégias que possam superá-los para garantir o ideal de qualidade de ensino-aprendizagem desejado. A inclusão de *links* que conduzam alunos e professores para espaços complementares – *websites*, redes, *blogs* etc. – potencializa o espaço do AVA como local de aprendizagens e interações múltiplas e dinâmicas.

Temporalidades dos ambientes ou dos participantes?

A grande possibilidade dos ambientes virtuais de aprendizagem não se dá apenas pela ampliação dos espaços de aprender, mas na relação expandida com a temporalidade dos processos de ensino-aprendizagem ali oferecidos. O tempo dos ambientes virtuais é diverso e infinito. Presente, passado e futuro se mesclam em muitas ações – síncronas e assíncronas –, sobretudo as mais interativas, como *chats*, *wikis*, e o fórum, por exemplo.

Tempos de professores e de alunos se mesclam nos ambientes virtuais e, em muitos casos, não coincidem. A compreensão de que não há necessidade da convergência dos tempos para que o processo de ensino-aprendizagem ocorra é fundamental para o docente que pretende trabalhar em ambientes virtuais. Para trabalhar com e nos ambientes virtuais, o professor precisa compreender e assumir essas novas temporalidades. E, nesse sentido, o trabalho docente começa muito antes da aula em si. Em alguns casos, alguns meses antes. É nesse tempo anterior que se desenvolve a maior parte da ação do docente. Essa compreensão, no entanto, não é a única necessária. É preciso mais.

Vamos retornar aos três momentos definidos no início desta reflexão (planejamento, produção e oferecimento) e pensar no planejamento. Tempo – Planejamento – AVA.

Ao unirmos essas três expressões chegamos a um dos principais requisitos para a definição das ações dos docentes nessas novas bases. O planejamento cuidadoso e aberto às múltiplas possibilidades do ambiente, a atuação em equipe para o *design* e a produção, o desenvolvimento do projeto mediado e a validação de todo o processo são ações anteriores importantes, que exigem tempo para serem realizadas.

Merecem muita atenção por todos, também, o respeito ao cronograma previamente definido e a disciplina na obediência aos prazos para que a atividade educativa possa estar pronta e validada no período necessário. Todos esses cuidados exigem tempos ampliados para efetivação dessa nova forma de docência *on-line*.

A produção do curso em um momento prévio ao seu oferecimento no ambiente virtual extrapola as ações usuais do docente, exigindo deste novas competências e requerendo a atuação em equipe. A atividade educativa precisa ser pensada, planejada, discutida e produzida em conjunto com técnicos, *designers* instrucionais, *webdesigners*, editores e muitos outros profissionais. O pensar e agir em equipe nos encaminha para a viabilização na prática docente do ideal de inteligência coletiva, proposto por Pierre Lévy (1998, p. 28), ou seja, "uma inteligência distribuída por toda a parte, incessantemente valorizada, coordenada em tempo real, que resulta em mobilização efetiva das competências", as quais não estão centradas em uma única pessoa, mas no conjunto de indivíduos envolvidos na ação.

A lógica da ação coletiva se viabiliza também como realidade nas práticas possíveis de serem realizadas quando do oferecimento das aulas nos ambientes virtuais de aprendizagem. As multitemporalidades abrem os espaços de interação e comunicação para a manifestação dos participantes. Alunos e professores podem interagir e comunicar suas opiniões, dúvidas e posições o tempo todo.

Essas possibilidades de multidiálogos – todos com todos – redefinem as competências do professor envolvido com o desenvolvimento de atividades educativas nesses espaços. Orientam sua ação para a criação de oportunidades que facilitem a troca de informações e a construção do conhecimento a partir do debate e da crítica, aprendendo e ensinando simultaneamente.

O estado de abertura para novas aprendizagens é uma das principais competências do professor em ambientes virtuais. Novas aprendizagens que não dizem respeito apenas ao contexto da sua área de conhecimento e das ciências envolvidas. A abertura para novas aprendizagens engloba a própria prática e o uso dos ambientes virtuais na forma como se realizam no momento. No entanto, o professor precisa ter consciência de que todos os suportes e ambientes digitais contemporâneos estão em estado de atualização.

> Nada é permanente e duradouro neste segmento, tudo muda. Não é possível, portanto, pensar em um processo educacional de formação para o domínio pleno de um ou outro recurso. É mais necessário e urgente compreender (...) seu movimento incessante de mudança, sua veloz transformação para oferecer novos formatos de acesso, novos modos de atuação para o ensino e a produção de conhecimentos. (Kenski 2008, p. 660)

O desenvolvimento de ações docentes no contexto ampliado dos ambientes virtuais não deve ser orientado apenas para a compreensão e a aplicação de novas funcionalidades técnicas. O uso dos novos ambientes virtuais em situações de ensino-aprendizagem requer mudanças nos conteúdos e nas estratégias de ensino. Requer reflexão e planejamento. Requer tempo, disciplina, parceria e atuação em equipe. Exige a redefinição dos papéis de alunos e de professores para que possam assumir novos comportamentos, condições de interação e valores socioeducacionais, diante do desafio de ensinar e aprender em tempos de mudanças.

9
ERAS DIGITAIS E AÇÕES ABERTAS DE ENSINO E FORMAÇÃO

O crescimento acelerado das inovações nas tecnologias digitais nos últimos anos ampliou as possibilidades de desenvolvimento de projetos educacionais flexíveis e abertos. As facilidades de interação e comunicação – apresentadas pelo uso ampliado da banda larga, dos *Learning Management Systems* (LMS) e de muitas outras vantagens oferecidas pela *web 2.0* – redefiniram estratégias e procedimentos para o oferecimento de processos de formação dinâmicos, de acordo com as necessidades e os interesses dos participantes.

Os novos recursos disponíveis nas tecnologias digitais expandiram a produção e a oferta de cursos em diferenciados formatos: acoplados a celulares (*mobile learning*); pela formação de comunidades de aprendizagem; via redes ou fóruns permanentes de especialistas; por meio de jogos dos mais diferenciados tipos e níveis de complexidade etc., oferecendo condições também para que os próprios interessados em ampliar seus conhecimentos construam suas trilhas de aprendizagem, totalmente personalizadas, segundo suas disponibilidades. Nessas trilhas personalizadas podem convergir cursos autoinstrucionais, uso de celulares, participação em comunidades e fóruns *on-line*, consultas a bibliotecas virtuais etc. Conforme o tipo de necessidade, as condições de acesso, os interesses dos participantes, o tempo disponível e a fluência tecnológica, os mesmos recursos podem ser utilizados livremente em cursos mistos (semipresenciais), presenciais, ou totalmente a distância. Integrados às primeiras opções de cursos *on-line*, esses novos recursos viabilizam a oferta ampliada de oportunidades de formação e capacitação.

O Quadro 6, desenhado de acordo com o proposto por Josh Bersin (*apud* Inoue, *Learning Review*, 2008), demonstra a evolução do *e-learning* na última década.

Quadro 6
Evolução do ensino-aprendizagem *on-line* (*e-learning*)

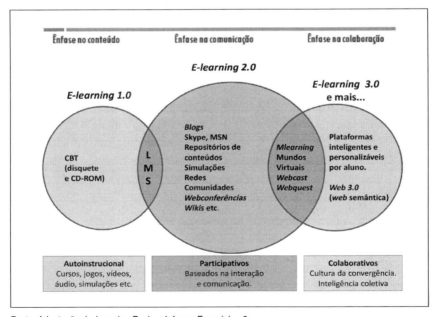

Fonte: Adaptação da *Learning Review*: Informe Especial n. 2.

O *e-learning 1.0* engloba os cursos autoinstrucionais, os conteúdos baixados da internet, a capacitação orientada por tutores (cursos, simulações, áudio e vídeo, *podcasting*, jogos). O *e-learning 2.0* refere-se ao uso do *e-learning* guiado por professores ou tutores, com o pleno uso de ferramentas de comunicação (*blogs*, *wikis*, salas de *chat*, comunidades etc.). Há a possibilidade de participação intensa, mas sem a articulação entre suas "falas" ou seus projetos. Já no *e-learning 3.0* predomina o entrosamento das pessoas em projetos colaborativos facilitados pela convergência das mídias, ou seja, o amplo uso de LMSs articulados a redes sociais, celulares e outros dispositivos móveis, como iPhones, Blackberrys etc.

Essas etapas não são estanques. Elas dialogam e convergem entre si e, dependendo das particularidades do projeto – e de fatores como condições de acesso, custos, abrangência, fluência tecnológica, entre outros –, elas se complementam. As tendências apontam que a aprendizagem mediada se orienta para o atendimento diferenciado a cada estudante, baseando-se em seus conhecimentos prévios dos conteúdos, preferências e necessidades de formação e capacitação, estilos de aprendizagem e atitudes.

As novas tendências para a educação *on-line*, a distância, podem ser apropriadas pelas instituições para o desenvolvimento de oportunidades educacionais diferenciadas.

Novos tempos e velhos cursos on-line

A análise de vários cursos de formação docente oferecidos via internet, a distância, evidencia algumas características que refletem a predominância de antigos problemas já verificados nos cursos presenciais. O avanço das possibilidades tecnológicas digitais e o desenvolvimento de metodologias de aprendizagem mais adequadas aos modelos de ensino via internet não contribuem para a apresentação de novos modelos, que possam aumentar a qualidade desses cursos e dos programas de educação via internet.

Alguns aspectos predominantes na maioria dos cursos *on-line* a distância de pós-graduação, para atualização de docentes e profissionais da educação, são os seguintes:

- visão fragmentada da oferta de programas pontuais de formação e de capacitação;
- ausência de convergência e interligação entre temas do mesmo curso oferecidos em disciplinas distintas ou temas afins apresentados em outros cursos;
- os tempos dos cursos se fecham em suas programações. Não são apresentadas propostas de interlocução entre disciplinas da mesma área e muito menos entre cursos de áreas específicas;
- não são apresentadas sugestões, *links*, nem proposta de continuidade e aprofundamento nos temas vistos em determinado curso ou disciplina *on-line*;
- os conteúdos são disponibilizados de forma indiferenciada para alunos que tenham conhecimentos básicos ou aprofundados sobre o mesmo assunto;
- as disciplinas não dialogam com outras realidades educacionais *on-line* ou presenciais, fora do âmbito das aulas e dos cursos. Uma ida à biblioteca, a visita a um determinado espaço presencial ou virtual (feira, exposição, museu etc.) ou o comparecimento a um evento na área são sugestões que vão além dos "materiais complementares", que também não são trabalhados pedagogicamente nos temas propostos;
- ênfase para o estudo de conteúdos e aspectos cognitivos do currículo, em um processo de reprodução de conceitos, valorizando pouco as experiências dos participantes;
- aspectos relevantes de formação, como habilidades, atitudes e valores, não são trabalhados pedagogicamente nos cursos *on-line*;
- os conhecimentos prévios e os estilos de aprendizagem dos alunos não são considerados para a definição de ofertas educacionais condizentes a suas necessidades e especificidades.

Em síntese, mesmo nas instituições com ofertas de acesso ampliado às mais novas mídias digitais, seu uso educacional ainda é moldado pelo passado, ou seja, pela tradição escolar presencial.

A busca por soluções educacionais inovadoras foi orientada pelo desafio em propor encaminhamentos viáveis e flexíveis, que pudessem ser utilizados em três momentos distintos do processo amplo e aberto de formação continuada a ser oferecido para docentes. São eles: condições para o ingresso, condições para a continuidade do processo de formação e processo de certificação.

Processo aberto de formação: Um encaminhamento

1. Condições para o ingresso

Esse é o momento em que o próprio docente decide dispor de parte de seu tempo pessoal e investir na melhoria de sua formação. No entanto, nem sempre o professor tem ideia do que precisa aprender. A preocupação inicial, portanto, deve ser a de orientar suas escolhas e identificar que modalidade ou tipo de curso é o mais adequado, de acordo com seus conhecimentos prévios, suas disponibilidades e seus interesses, oferecendo-lhe meios que o auxiliem a definir o início de sua trilha de aprendizagem para alcançar seus objetivos.

A definição das suas necessidades educacionais com maior precisão vai garantir que o docente não se sinta frustrado com os cursos nos quais se inscreveu, uma vez que estes não eram exatamente aquilo de que precisavam ou o que desejavam aprender.

Para isso, o processo de ingresso deve prever condições para que o potencial ingressante conheça o universo de ofertas educacionais existentes e os requisitos exigidos de dedicação e conhecimentos necessários para viabilizá-las. Esse processo exige reflexão madura sobre sua realidade e condições viáveis de integração do que é oferecido com sua realidade, sua possibilidade de estudos e suas necessidades.

Neste momento, identifico alguns recursos que podem auxiliar na definição dos caminhos de formação ou atualização. São eles:

Plano de estudos personalizado – É muito importante que se elabore um plano de estudos personalizado, que leve em conta não só os temas nos quais o futuro aluno deve se aprofundar como também o tempo que terá para se dedicar a isso e o formato de ensino mais adequado às suas condições.

Para a viabilização desse processo, é possível o desenvolvimento e o oferecimento institucional de um questionário *on-line*, que identifique as necessidades específicas de cada aluno, sua área de atuação, suas dificuldades e seu grau de conhecimento sobre os temas que são de seu interesse.

A análise das respostas dadas ao questionário dá origem ao plano de estudos personalizado, que apresenta sugestões de temas a serem estudados, assim como demonstra, no universo de ofertas educacionais da instituição, as mais indicadas para cada pessoa.

Segundo as necessidades do aluno, esse plano poderá misturar, por exemplo, cursos presenciais, *on-line*, textos acessíveis na internet, aulas em vídeo ou áudio etc. O objetivo é orientar o aluno para que não haja desperdício de tempo, a fim de que ele consiga definir a melhor forma de atingir seus objetivos de aprendizagem.

Mapa de competências – A partir de um catálogo de competências predefinidas – específicas de cada tipo de atuação docente em áreas distintas –, é possível criar um mapa de competências. As respostas às questões apresentadas em relação aos conhecimentos, às habilidades e às atitudes em determinada área de atuação vão definindo um mapa no qual é possível visualizar o nível de capacitação (alta, média e baixa) em cada área. Esse conhecimento possibilita a orientação mais segura do aluno para a formação e a atualização nas áreas em que ainda apresenta fragilidades.

Mapas como esse já são oferecidos pelo Sebrae[1] para a identificação do nível de capacitação de qualquer empreendedor para a gestão do seu negócio.

---

1.   Ver: http://www.sebrae.com.br/customizado/mapa-de-competencia/.

Mapa de habilidades sociais – Com o mesmo formato do "Mapa de competências", pode-se definir de forma articulada ou isolada o "Mapa de habilidades sociais".[2] A importância do conhecimento dessas habilidades pelo professor vincula-se diretamente à sua função de educador. Como diz Tovar (2007, p. 120), "os currículos de formação profissional não contêm experiências significativas nem suficientes para o desenvolvimento de habilidades socioemocionais. O perfil profissional do docente é mais um perfil de docente instrutor do que um perfil de docente educador".

Zilda Del Prette *et al.* (1998, s.p.) reforçam essa constatação quando afirmam que "na literatura nacional são praticamente inexistentes relatos de intervenções especificamente voltadas para as habilidades interpessoais do professor associadas à implementação das interações educativas em sala de aula". Já existem vários recursos *on-line* abertos de mapas de habilidades sociais para *download* e uso. Todos objetivam definir o perfil de "habilidades" do usuário, identificando as que ele já possui e as que precisa desenvolver. A orientação e o conhecimento das fragilidades orientam o docente na busca de formação mais adequada para superar suas deficiências.

2. Condições para a continuidade do processo de formação

A formação docente precisa ser oferecida com o uso ampliado de uma grande variedade de recursos e modalidades instrucionais e colaborativas. A diversidade de ofertas abertas possibilita a escolha dos caminhos de aprendizagem mais adequados para cada um dos alunos, de acordo com as limitações de seu dia a dia.

Os formatos dos cursos – presenciais, semipresenciais ou *on-line* – podem ser articulados e integrados em ofertas personalizadas, para que haja continuidade no processo de formação, de acordo com os

---

2. Ver: http://www.down21.org/act_social/relaciones/1_h_sociales/habilidades_ presentacion.htm.

tempos e as condições disponíveis em cada momento do aprendiz. Os espaços presenciais podem ser configurados como núcleos de orientação e esclarecimento de dúvidas, segundo a agenda de eventos temáticos, definidos para cada curso.

Nos cursos *on-line* os alunos devem ser estimulados a interagir com todos os participantes. O uso do celular, do Twitter e do Skype, por exemplo, para o desenvolvimento de ações pedagógicas pontuais, enriquecem e dinamizam o processo de formação.

É importante que os múltiplos caminhos favoreçam a continuidade da aprendizagem e que ações desenvolvidas em cada momento sejam consideradas no processo de formação, independentemente do espaço e do tempo em que eles ocorram. Nesse sentido, espaços independentes podem ser integrados para garantir a formação autônoma, aberta e livre dos aprendizes.

Espaços independentes de formação

Bibliotecas virtuais – Existem inúmeras bibliotecas virtuais temáticas que disponibilizam uma grande quantidade de textos, infográficos e vídeos. Incorporadas aos cursos, elas potencializam a aprendizagem dos alunos. Acessadas de forma independente, podem registrar a participação dos usuários, definindo trajetos em seus caminhos de formação continuada aberta e livre.

Enciclopédia – Para a atualização pontual do docente é importante a existência de espaços virtuais para a disponibilização de textos e tutoriais simples, que abordem tópicos de interesse dos professores. Para orientar a escolha, cada tutorial deve ser apresentado em uma página específica, com conteúdos, exemplos, exercícios, sugestões e espaços para ações coletivas – como *wikis* e fóruns – e *links* relacionados. A vantagem desses espaços é a economia de tempo para o aluno, que poderá pular de uma "lição" para a outra e obter grande quantidade de informações sem a necessidade de acompanhar o processo linear de desenvolvimento oferecido em um curso formal.

O uso da enciclopédia[3] vai ao encontro de algumas das necessidades imediatas dos professores, como a de ter acesso rápido a informações atualizadas. Além disso, a enciclopédia favorece:

- a criação da *snack culture*: conteúdo quebrado em pequenas "pílulas", que podem ser lidas muito rapidamente, em qualquer horário (até no descanso entre uma atividade e outra);
- o efeito "viciante": os conteúdos estão inter-relacionados, o que faz com que a leitura de um pequeno texto leve a outro e a outro. Ao final, a pessoa acaba lendo mais;
- a integração e a convergência: essas leituras e atividades pontuais podem ser registradas e indexadas a cursos que apresentem temas relacionados.

Dispositivos móveis – Entre todas as inovações tecnológicas disseminadas socialmente nos últimos anos, os dispositivos móveis são os que tiveram maior aceitação. Entre esses, os celulares são os mais populares e os mais utilizados entre pessoas de todas as idades, classes sociais e níveis de escolarização. Dados da Anatel indicam que o Brasil terminou o mês de maio de 2011 com 215 milhões de celulares e uma densidade de 110,5 celulares/100 habitantes.[4] Isso significa que existe em uso, no Brasil, um número maior de celulares do que de habitantes. Já não é novidade o uso desses aparelhos para as mais diferentes aplicações. Há muito tempo eles substituíram agendas de endereços e de compromissos; são usados também para tirar fotos, realizar pequenas filmagens, ouvir músicas, entre outras funções. Por meio dos celulares

---

3. Alguns *websites* que apresentam "enciclopédias temáticas":
Schmoop: http://www.shmoop.com/help/overview.
MathWorld: http://mathworld.wolfram.com/.
Scholastic: http://www2.scholastic.com/browse/index.jsp.
4. Dados do *site* da Teleco: http://www.teleco.com.br/estatis.asp, acesso em ago./2012.

pode-se acompanhar a movimentação de contas bancárias, ser informado sobre assuntos de interesse, além, é claro, de sua função principal, a de comunicação em tempo real, independentemente do lugar onde a pessoa se encontre.

As possibilidades de interação e de comunicação desse meio permitem levar os conteúdos até as pessoas, no momento em que elas necessitam da informação.

Com o lançamento de recursos cada vez mais avançados tecnologicamente, especialmente *smartphones* e *tablets* (como o iPad e o Kindle), o uso dos dispositivos móveis alcançou um novo patamar, passando das mensagens de texto e de voz para aplicações cada vez mais interativas e personalizadas. Os *smartphones* são celulares que reúnem funções existentes em um computador ou em outros dispositivos digitais, como acesso a *e-mail*s, mensagens instantâneas (como o MSN), internet, GPS, entre outros. Eles possuem facilidades que permitem a navegação digital de muitas maneiras, além do uso de novos *software*s, desenvolvidos especialmente para esses aparelhos. Uma das grandes facilidades dos *smartphones* é a possibilidade de acesso à internet diretamente do celular, o que abre um novo horizonte nas opções de uso desse recurso.

A possibilidade de acesso à internet via *tablets* e *smartphones* oferece oportunidades para o desenvolvimento de projetos educacionais com plenas condições de interação e comunicação em tempo real. Essas e outras possibilidades de acesso a dados e pessoas auxilia a disseminação do seu uso, tornando mais próximas as experiências entre os usuários, por conta da sua portabilidade.

Atualmente o aproveitamento didático dos celulares é feito principalmente para oferecer apoio às atividades de aprendizagem conduzidas em outros meios, como no ensino presencial e nos cursos a distância, via internet. O que o aluno mais espera de uma experiência educacional que vá direto aos aparelhos de telefonia móvel é a exclusividade de receber algo que venha ao encontro das suas expectativas pessoais. Assim, mais importante que a tecnologia utilizada, o que vale é agregar valor ao receptor da mensagem, no momento em que ele a solicita.

Um uso educacional simples e de amplo alcance está no envio de mensagens via SMS (em inglês, *Short Message Service*, ou seja, Serviço de Mensagem Curta). A transmissão de mensagens de texto curtas pode ser usada não somente no envio de informações, mas também no recebimento de respostas às perguntas, na interação entre emissor e receptor da mensagem, além de possibilitar um *feedback* imediato sobre o assunto que está sendo estudado.

O SMS pode ser utilizado para o envio de *quizzes* (questionários e enquetes), desenvolvidos diretamente para projetos realizados integralmente em celulares ou integrados com outras mídias. Os *podcasts*, arquivos de mensagens em áudio e/ou vídeo, possuem boas condições de amplo uso em espaços educacionais.[5]

Aulas em vídeo – Vídeos com palestras, aulas e outros tipos de conteúdos já são disponibilizados pelas principais universidades no mundo, como as de Harvard, Yale, Columbia, MIT e Princeton. A USP também disponibiliza vídeos de aulas de muitos de seus cursos no portal *e-Aulas* para seus alunos e para o público de modo geral.[6]

Alguns desses vídeos podem ser integrados aos conteúdos de cursos, agrupados em *playlists*, ou relacionados a textos e artigos disponibilizados na enciclopédia.

Aulas em áudio – Consistem no aproveitamento e na integração de áudios diferenciados (programas de rádio, *podcast* etc.) a cursos ou espaços independentes, como a enciclopédia. Garantem a continuidade dos estudos em espaços que dispõem de som, mas não de internet.

---

5. Para sugestões de ações pedagógicas mediadas por celular, acessar http://www.m-learning.org/case-studies/molenet-.

6. Ver: http://www.eaulas.usp.br/portal/home.

Playlists – Baseiam-se na criação de roteiros pré-montados de cursos ou temas específicos. Reúnem *blogs, links* de vídeos, *podcasts*, textos e jogos orientados para determinado foco de formação.

Espaços colaborativos de formação

O aproveitamento das possibilidades interativas disponíveis na *web 2.0* viabiliza o oferecimento de cursos e outros serviços educacionais que tenham como princípios a participação ativa dos usuários e a colaboração entre eles. No entanto, as ações dos usuários *on-line* não precisam ser realizadas exclusivamente em cursos. Elas também podem ser feitas em formatos mais dinâmicos de participação síncrona ou assíncrona.

No formato de cursos, o número de participantes é mais restrito, para que eles possam realizar atividades em conjunto. Essas estratégias devem se vincular a temas mais "avançados", ligados ao aperfeiçoamento dos conhecimentos e oferecidos para quem já tenha bom domínio dos assuntos e fluência digital.

Os formatos colaborativos podem igualmente dar origem a *games* – atendendo a demandas de participantes mais jovens – e a outros recursos educacionais mais amigáveis. Atendem ainda a um grande número de participantes que desejam tirar dúvidas, aprender ou se informar sobre questões pontuais, mas que não têm tempo para realizar um curso de maior duração.

Websites de perguntas e respostas – Recurso em que qualquer pessoa pode propor uma pergunta relacionada a temas específicos, que será respondida por tutores ou pelos demais usuários do *site*. Posteriormente, a melhor resposta é escolhida pela pessoa que perguntou.

Esse é um modelo de sucesso de interação *on-line*, aprovado pelos brasileiros. Pode ser uma boa forma de criar uma rede social em torno de temas específicos. É o *embrião para a formação* de comunidades de aprendizagem em que os usuários solucionam problemas e evoluem coletivamente. Integrados a cursos, os *websites* de perguntas e respostas garantem o avanço das reflexões e a formação de habilidades emocionais importantes, como o respeito ao outro, a colaboração, a iniciativa etc.

Histórias visuais e interativas – Trata-se de estudos de caso apresentados em animações em *Flash*, com grande quantidade de informação, apelo visual e interatividade. Usando narrativas envolventes e interações rápidas e simples (perguntas rápidas, múltipla escolha, customização), podem funcionar como um tutorial para entender, na prática, questões pontuais sobre determinados assuntos.

As histórias visuais e interativas recuperam a importância das narrativas para o aprendizado, além de desenvolver aspectos ligados não apenas aos conteúdos, mas às habilidades emocionais e sociais.

Jogos – Os jogos *on-line* individuais ou *multiplayers* ensinam e treinam habilidades. São disponibilizados na internet para que qualquer pessoa possa treinar uma habilidade específica, conteúdos, ações em grupos etc.

Há uma grande variedade de jogos com os mais diversos objetivos e modalidades. Jogos colaborativos de sucesso misturam a realidade e a ficção. Partem sempre da apresentação de um problema ou desafio a ser superado ou resolvido. O jogo se desenrola em um cenário específico, próximo da realidade dos participantes. Cabe a estes, em discussões em fóruns e até em reuniões ao vivo, chegar à solução.

Mercados de previsão – *Sites* em que os usuários dão palpite sobre o que acreditam que vai acontecer no futuro, discutindo a probabilidade de cada cenário. Mecânicas parecidas com as de uma bolsa de valores ou de outros tipos de jogo permitem identificar e recompensar (não financeiramente) os melhores participantes pelos seus acertos.

Baseiam-se na concepção de "inteligência das massas", teoria proposta por James Surowiecki no livro *A sabedoria das multidões* (2006). Para esse autor, em determinadas condições, um grande número de pessoas discutindo sobre um evento futuro tem maior probabilidade de acertar do que qualquer outra forma de prospecção. A reflexão coletiva amplia a compreensão mais ampla do tema em questão e a aprendizagem de todos os envolvidos. Além disso, a própria dinâmica do procedimento é ativa e lúdica, com vistas a envolver o participante e mantê-lo interessado na discussão.

Twitter, Facebook e RSS – O uso desses espaços em ações educativas de livre acesso permite gerenciar informações, desenvolver estratégias didáticas, participar de grupos e redes sociais, que se retroalimentam de informações atualizadas sobre assuntos específicos.

Mashups – Consistem na criação de um portal de serviços e funcionalidades que inclui diferentes provedores. Integram cursos e espaços educacionais diferenciados com mapas do Google Earth, vídeos, desafios, jogos, enciclopédia e grupos de discussão temáticos, daí resultando um serviço totalmente novo. Novos e interessantes benefícios surgem a todo momento. Não há limites para as possibilidades de articulação entre diferentes bases de dados para o oferecimento de serviços personalizados. Sua integração facilita a atualização e a incorporação de novos recursos, assim que estejam disponíveis.

Oficinas interativas – *Workshops*, oficinas e ações interativas têm como objetivo o desenvolvimento de conhecimentos e habilidades de forma desafiadora, dinâmica e flexível.

As oficinas interativas oferecem oportunidades únicas para incentivar a aprendizagem de forma dinâmica e imersiva. Líderes emergentes podem se beneficiar de praticar a resolução de problemas complexos de forma sutil em um tempo muito pequeno, por meio de simulações de desafios do mundo real. Um *workshop* corporativo bem elaborado pode ser usado para a visualização de problemas complexos e o aprimoramento dos participantes.

Rede social – Uma vez que os alunos já estiverem cadastrados – pelas atividades no curso, pelo *site* e pelas demais ferramentas –, com perfis montados e conteúdos propostos, é possível organizá-los em uma rede na qual eles possam estabelecer contato, enviar mensagens e trocar ideias.

Cursos colaborativos – Nesses cursos avançados, o número de participantes é limitado. Todos se dispõem a participar ativamente das atividades propostas. A atuação ocorre preferencialmente em grupos formados pelos participantes, que têm que superar coletivamente desafios de aprendizagem. Eles são orientados por um professor-tutor, que possui grande domínio dos temas propostos e muita empatia e dinamismo para liderar as equipes.

MOOC – Acrônimo para Massive Open Online Course ou, em português, Curso On-line Aberto e Massivo, MOOC é o nome dado para cursos gratuitos, oferecidos e desenvolvidos integralmente na internet, que não possuem restrições ou pré-requisitos para a participação e nem limites para os números de participantes inscritos. São oferecidos, em geral, por grandes universidades que, ao final, disponibilizam certificados para os alunos que cumpriram com qualidade todas as exigências impostas de participação e avaliação. Em geral, são cursos de curta duração, de no máximo, dois ou três meses. As exigências, no entanto, são intensas e demandam dos alunos participação e obediência a cronogramas rígidos para produção e entrega das atividades previstas.

Os MOOC, em geral, baseiam-se nas ideias de George Siemens, ampliadas por Stephen Downes, que definem um modelo teórico de aprendizagem denominado *conectivismo*. Segundo Siemens,

> O conectivismo apresenta um modelo de aprendizagem que reconhece as mudanças tectônicas na sociedade, onde a aprendizagem não é mais uma atividade interna e individual. O modo como a pessoa trabalha e

funciona são alterados [*sic*] quando se utilizam novas ferramentas. O campo da educação tem sido lento em reconhecer, tanto o impacto das novas ferramentas de aprendizagem como as mudanças ambientais na qual tem significado aprender. O conectivismo fornece uma percepção das habilidades e tarefas de aprendizagem necessárias para os aprendizes florescerem na era digital. (Siemens 2004, p. 8)

Nem todos os cursos, no entanto, exigem essa participação intensa. Alguns, como os disponibilizados pela Khan Academy,[7] estariam na fronteira entre os cursos MOOC e REA (Recursos Educacionais Abertos), pois não exigem participação ativa do aluno e, apenas, disponibilizam gratuitamente videoaulas sobre uma infinidade de assuntos.[8]

Os MOOC são cursos que não limitam o número de alunos. Seus participantes integram comunidades virtuais ampliadas internacionalmente. Formam reais redes planetárias com milhares de alunos de todas as partes do mundo. A maioria dos cursos é oferecida em inglês.[9]

Em 2011, Sebastian Thrun, professor da Universidade de Stanford/EUA, iniciou o oferecimento de aulas livres de informática via internet. Mais de 100 mil alunos de todas as partes do mundo participaram dessa primeira experiência. O sucesso da iniciativa levou Thrun à criação da Udacity que já possui, em 2012, 14 novos cursos e centenas de milhares de alunos.

---

7. Ver: http://www.khanacademy.org/.
8. Várias universidades e institutos em todo o mundo disponibilizam textos e vídeos *on-line* de palestras e aulas. É o caso da Universidade de São Paulo que, por meio do portal *e-Aulas* oferece vídeos de conferencias e aulas de docentes e de eventos ocorridos na universidade. (Ver: http://www.eaulas.usp.br/portal/home)
9. Alguns dos *websites* que disponibilizam o acesso a cursos MOOC são os seguintes: https://www.coursera.org/, oferece centenas de cursos das melhores universidades do mundo; https://www.edx.org/, com cursos livres e gratuitos oferecidos pelo Massachusets Instituto of Technology (MIT), Harvard e Berkeley; e http://www.udacity.com/courses.

3. Processo de certificação

Em um movimento de formação descentralizado, flexível e aberto, é interessante existir um momento em que o aluno possa avaliar o conhecimento adquirido e receber algum tipo de certificação. Essas ações servirão tanto para que ele possa ter sua formação certificada quanto para orientar-se em relação a novas áreas e cursos que ainda precisam ser mais aprofundados.

Seguem algumas opções:

- certificação – pode ser oferecida em diferentes níveis de abrangência, que variam da declaração formal de participação em uma atividade à certificação geral dos conhecimentos e habilidades adquiridos;
- novos questionários e testes – questionários e testes que identifiquem o grau de formação alcançado e viabilizem a continuidade da formação continuada do participante em um grau mais avançado de conhecimento do assunto;
- *follow-up* – vinculado ao acompanhamento das trilhas de aprendizagem do participante, identifica as trajetórias de atividades e cursos realizados pelo aluno, propondo novos desafios educacionais.

O processo de formação docente é contínuo, não se esgota. Realinhamentos permanentes são necessários, mas, nem sempre, se dão por meio de iniciativas formais e estruturadas de ensino. A abertura para novas possibilidades de formação docente garante a otimização dos tempos desses profissionais e a qualidade do sistema educacional.

Os alunos agradecem.

REFERÊNCIAS BIBLIOGRÁFICAS

ABED (2010). Censo EAD.br 2009. São Paulo: Pearson do Brasil.

_____ (2011). Censo EAD.br 2010. São Paulo: Pearson do Brasil.

ABREU, C.B.L. e EITERER, C.L. (2006). "Formação continuada de professores no Projeto Veredas: Saberes acadêmicos e experienciais". *Revista Linhas*, v. 7, n. 2. Florianópolis: Udesc. [Disponível na internet: http://www.periodicos.udesc.br/index.php/linhas/article/view/1337, acesso em ago./2012.]

ADORNO, Theodor (1999). *Minima moralia: Reflections from damaged life*. Trad. E.F.N. Jephcott. 11ª ed. Londres: Verso.

AGUIAR, M.A. (2000). "Os institutos superiores de educação: Uma das faces da reforma educacional no Brasil". *In*: SGUISSARDI, V. (org.). *Educação superior: Velhos e novos desafios*. São Paulo: Xamã.

AGUIAR, M.A. *et al.* (2006). "Diretrizes curriculares do curso de pedagogia no Brasil: Disputas de projetos no campo da formação do profissional da educação". *Educação e Sociedade*, v. 27, n. 96, out., pp. 819-842.

ALARCÃO, I. (2000). "Para uma conceitualização dos fenômenos de sucesso/insucesso escolares no ensino superior". *In*: TAVARES, J. e SANTIAGO, R. (orgs.). *Ensino superior: (In)sucesso académico*. Porto: Porto Ed.

ALBUQUERQUE, L.B. de A. (2005). "Formação contínua de tutores no/para o ensino a distância: Representações dos tutores e professores-especialistas do curso de pedagogia a distância da UFMT". Tese de doutorado. São Paulo: Faculdade de Educação/Universidade de São Paulo.

ANDERS, G. (1994). *Die Antiquiertheit des MENSCHEN (I). Über die Seele im Zeitalter der zweiten industriellen Revolution.* 7ª ed. Munique: Beck. [Trad. Ciro Marcondes Filho, disponível na internet: http://www.filocom.com/home/traducoes, acesso em set./2012.]

ANDERSON, C. e WOLFF, M. (2010). "The web is dead. Long live the internet". *Wired Magazine*, v. 18, n. 9, set. São Francisco: Condé Nast.

ANDRADE, A. (2007). "Usos de novas tecnologias em um programa de formação de professores: Possibilidades, controle e apropriações". Dissertação de mestrado. São Paulo: Faculdade de Educação/Universidade de São Paulo.

ANDRADE, L.B. (1998). "Avaliação da aprendizagem na educação a distância". Dissertação de mestrado. Cuiabá: Instituto de Educação/Universidade Federal de Mato Grosso.

ANUÁRIO BRASILEIRO ESTATÍSTICO DE EDUCAÇÃO ABERTA E A DISTÂNCIA (ABRAEAD) (2008). São Paulo: Instituto Monitor/Abed.

AQUINO, M.F. (2010). Diversificação de IES: Alternativas ao modelo estatal. Brasília: CNE. (Apresentação em PowerPoint)

ASSOCIAÇÃO NACIONAL PELA FORMAÇÃO DOS PROFISSIONAIS DA EDUCAÇÃO (Anfope) (1998). Documento final do IX Encontro Nacional. Brasília.

_____ (2000). Documento final do X Encontro Nacional. Brasília.

_____ (2002). Documento final do XI Encontro Nacional. Florianópolis.

AUBERT, N. (2003). *Le culte de l'ugence: La societé malade du temps.* Paris: Flamarion.

AYCOCK, A.; GARNHAM, C. e KALETA, R. (2002). "Lessons learned from the hybrid course project". *Teaching with Technology Today*, v. 8, n. 6. [Disponível na internet: http://www.uwsa.edu/ttt/articles/garnham2.htm, acesso em jun./2008.]

BABIN, P. e KOULOUMDJIAN, M.-F. (1989). *Os novos modos de compreender: A geração do audiovisual e do computador.* São Paulo: Paulinas.

BARRETO, M. (2005). "O significado do tempo: Einstein e Bergson". *ComCiência*, mar. [Disponível na internet: http://www.comciencia.br/reportagens/2005/03/12.shtml, acesso em fev./2009.]

BARROS, D. e KENSKI, V. *et al.* (2010). "Políticas públicas educacionais: Projetos de formação docente pela e para a educação a distância". *Revista Gepem*, v. 32, n. 1, jan.-jun. Seropédica: UFRRJ. [Disponível na internet: http://www.editora.ufrrj.br/revistas/humanasesociais/rch/rch32_n1/11-24.pdf, acesso em ago./2012.]

BAUDRILLARD, J. (1991). *Simulacros e simulação*. Lisboa: Relógio D'Água.

BAYART, D. (1995). "'L'urgence dans les organisations: Où, quoi, comment?'. Appel à des observations empiriques". *Temporalistes*, n. 29, mar.

BAZZO, V.L. (2004). "Os Institutos Superiores de Educação ontem e hoje". *Educar em Revista*, n. 23. Curitiba: Ed. da UFPR.

BÉDARD, R. (2004). "Ensino a distância (EaD): Rumo à qualidade". Relatório de pesquisa. Teresina: Centro de Ciências da Educação/Universidade Federal do Piauí.

BELLONI, M.L. (2001). *Educação a distância.* 2ª ed. Campinas: Autores Associados.

BERGE, Z.L. (2005). The role of the online instructor/facilitator. [Disponível na internet: http://www.serprofessoruniversitario.pro.br/módulos/ensino-distância/role-online-instructorfacilitator#.UI562Ya_RGM, acesso em out./2012.]

BEZERRA, F. (2011). "PNE: Novos desafios para a educação brasileira". *In:* BRASIL. Projeto de Lei do Plano Nacional de Educação (PNE - 2011/2020). Câmara dos Deputados. [Disponível na internet: http://bd.camara.gov.br/bd/bitstream/handle/bdcamara/5826/projeto_pre_2011_2020.pdf?sequence=1, acesso em jul./2012.]

BIELSCHOWSKY, C.E. (2003). "O projeto Cederj: Ensino a distância em nível de graduação". *Salto para o futuro. Educação a distância na universidade do século XXI*. Boletim. [Disponível na internet: http://www.tvebrasil.com.br/salto/, acesso em out.-dez./2005.]

_____ (2010). "EAD e sua institucionalização: Uma análise do sistema de educação a distância no Brasil nos últimos anos". *VII Congresso Brasileiro de Ensino Superior a Distância (Esud)*, Cuiabá. [Disponível na internet: http://webcache.googleusercontent.com/search?q=cache:2en

EFKJkGeMJ:200.129.241.72/esud/palestra/palestra_esud_bielschowsky.
ppt+&cd=1&hl=pt-BR&ct=clnk&gl=br, acesso em out./2012.]

BOISARD, P. (s.d.). "Conséquences des horaires atypiques sur la vie quotidienne des salaries". *Temporalistes*, n. 7, pp. 4-6.

BOMFIN, D. (2004). *Pedagogia no treinamento: Correntes pedagógicas no ambiente de aprendizagem nas organizações.* Rio de Janeiro: Qualitymark.

BORGES, R.B.M. (2011). "Tempo, trabalho e jornalismo". *16º Encontro Nacional Abrapso.* [Disponível na internet: http://www.encontro2011. abrapso.org.br/trabalho/view?id_TRABALHO=176&impressao, acesso em ago./2012.]

BRAND, S. (2000). *O relógio do longo agora: Tempo e responsabilidade.* São Paulo: Rocco.

BRANDÃO, C.R. (1986). *A educação como cultura.* São Paulo. Brasiliense.

BRASIL (1996). Lei n. 9.394, de 20/12/1996. Estabelece as diretrizes e bases para a educação nacional. *Diário Oficial da União.* Brasília: MEC/Inep/ Gráfica do Senado, ano CXXXIV, n. 248, 23/12/1996, pp. 27.833-27.841.

_____ (1997a). Parâmetros curriculares nacionais para o ensino fundamental. Brasília: MEC/Secretaria de Educação Fundamental.

_____ (1997b). Dispõe sobre os programas especiais de formação pedagógica de docentes para as disciplinas do currículo do ensino fundamental, do ensino médio e da educação profissional em nível médio. Resolução n. 2, de 26/6/1997. Brasília: Conselho Nacional de Educação.

_____ (1999a). Resolução CNE/CP n. 1. Brasília: Conselho Nacional de Educação, 30/9/1999.

_____ (1999b). Dispõe sobre os Institutos Superiores de Educação, considerados os arts. 62 e 63 da lei 9.394/96 e o art. 9º, §2º, alíneas "c" e "h" da lei 4.024/61, com a redação dada pela lei 9.131/95. Resolução n. 1, de 30/9/1999. Brasília: *Diário Oficial da União,* seção 1, p. 50.

_____ (2000). Educação profissional: Referenciais curriculares nacionais da educação profissional de nível técnico. Brasília: MEC.

_____ (2001a). Diretrizes curriculares nacionais para a formação de professores da educação básica, em nível superior, curso de licenciatura, de graduação plena. Parecer n. 9, de 8/5/2001. Brasília: MEC/Conselho Nacional de Educação.

_____ (2001b). Diretrizes curriculares para os cursos de ciências biológicas. Parecer CNE/CES n. 1.301, de 6/11/2001. Brasília: MEC/Conselho Nacional de Educação.

_____ (2001c). Sinopse estatística da educação superior. Brasília. [Disponível na internet: http://www.anped11.uerj.br/sinopse_educ_superior_2001.pdf, acesso em nov./2012.]

_____ (2002a). Resolução CNE/CP n. 1, de 18/2/2002. Institui diretrizes curriculares nacionais para a formação de professores da educação básica, em nível superior, curso de licenciatura, de graduação plena. Brasília: MEC/ Conselho Nacional de Educação.

_____ (2002b). Resolução CNE/CP n. 2, de 19/2/2002. Institui a duração e a carga horária dos cursos de licenciatura, de graduação plena, de formação de professores da educação básica em nível superior. Brasília: MEC/ Conselho Nacional de Educação.

_____ (2004). Sinopse estatística da educação superior. Brasília. [Disponível na internet: http://www.oei.es/quipu/brasil/estadisticas/educ_superior2004_1. pdf, acesso em nov./2012.]

_____ (2006a). Resolução de 1/5/2006: Diretrizes curriculares nacionais para o curso de pedagogia. Brasília: MEC/Conselho Nacional de Educação.

_____ (2006b). Sinopse estatística da educação superior. Brasília. [Disponível na internet: http://www.censosuperior.inep.gov.br.]

_____ (2006c). Resolução CNE/CP n. 1, de 15/5/2006. Institui diretrizes curriculares nacionais para o curso de graduação em Pedagogia, licenciatura. Brasília: Conselho Nacional de Educação. [Disponível na internet: http:// portal.mec.gov.br/cne/arquivos/pdf/rcp01_06.pdf, acesso em 28/6/2006.]

_____ (2008). Portaria n. 124, de 7/8/2008. Brasília: MEC/Instituto Nacional de Estudos e Pesquisas Educacionais Anísio Teixeira.

_____ (2009). Censo da educação superior. Brasília: Inep. [Disponível na internet: http://portal.inep.gov.br/web/censo-da-educacao-superior, acesso em nov./2012.]

_____ (2011). Parâmetros curriculares nacionais. Brasília: MEC/Secretaria de Educação Básica. [Disponível na internet: http://portal.mec.gov.br/seb/ arquivos/pdf/introducao.pdf, acesso em mar./2011.]

BRZEZINSKI, I. (1999). "Embates na definição da política de formação de professores para atuação multidisciplinar nos anos iniciais do ensino fundamental: Respeito à cidadania ou disputa pelo poder?". *Educação e Sociedade*, n. 68. Campinas: Cedes.

BURLE, B. e BONNET, M. (1997). "Horloge interne: Du traitement de l'information temporelle au traitement temporel de l'information". *Temporalistes*, n. 36, dez., pp. 18-21.

CACHAPUZ, A.F.; CHAVES, I.S. e PAIXÃO, F. (orgs.) (2004). "Saberes básicos de todos os cidadãos no século XXI". Atas de seminário realizado em 11 de março de 2004. Lisboa: Conselho Nacional de Educação.

CAGLIARI, L.C. (1989). *Alfabetização e lingüística*. São Paulo: Scipione.

CALDAS, W. (2000). "Morin defende formação do intelectual polivalente". *O Estado de S. Paulo*, caderno 2, 9/jul., p. 218. [Disponível na internet: http://www.acervo.estadao.com.br/pagina/#!/20000709-38981-spo-0218-cd2-d4-not.]

CALIMAN, G. (2006). "Fundamentos teóricos e metodológicos da pedagogia social na Europa (Itália)". *I Congresso Internacional de Pedagogia Social. Anais eletrônicos*. São Paulo: Faculdade de Educação/Universidade de São Paulo. [Disponível na internet: http://www.proceedings.scielo.br, acesso em 4/4/2007.]

CANÁRIO, R. (1998). "Gestão da escola: Como elaborar o plano de formação?". *Cadernos de Organização e Gestão Curricular*, n. 3. Instituto de Inovação Educacional. [Disponível na internet: http://www.crmariocovas.sp.gov.br/pdf/pol/gestao_escola_elaborar.pdf, acesso em ago./2012.]

CASTELLS, M. (1998). *A era da informação: Economia, sociedade e cultura – A sociedade em rede, v. 1*. São Paulo: Paz e Terra.

_____ (1999). *A era da informação: Economia, sociedade e cultura – O fim do milênio, v. 3*. São Paulo: Paz e Terra.

_____ (2003). *A galáxia da internet: Reflexões sobre a internet, os negócios e a sociedade*. São Paulo: Zahar.

CENTER FOR THE STUDY OF CHILD CARE EMPLOYMENT (2008). *Early childhood educator competencies: A literature review of current best practices, and a public input process on next steps for California*. Berkeley: Universidade da Califórnia.

COADY, J.; GILHOOLY, D.; MACMANUS, M. e O'CONNELL, M. (2003). E-moderating and e-tivities. Waterford: Waterford Institute of Technology, Cork Road.

COELHO, M. de L. (2001). "A formação continuada de professores universitários em ambientes virtuais de aprendizagem: Evasão e permanência". Dissertação de mestrado. Belo Horizonte: Universidade Federal de Minas Gerais/ Faculdade de Educação.

COMISSÃO EUROPEIA (s.d.). Programa de Aprendizagem ao Longo da Vida. *Convite geral à apresentação de candidaturas para 2011-2013: Prioridades Estratégicas*. [Disponível na internet: http://ec.europa.eu/education/llp/doc/call13/prior_pt.pdf, acesso em jul./2012.]

CONELLAS, M.J. (1999). La tutoría en la educación secundaria obligatoria. [Disponível na internet: http://www.raco.cat/index.php/educar/article/viewFile/20706/20546, acesso em ago./2012.]

CORONADO, M. (2009). *Competencias docentes. Ampliación, enriquecimiento y consolidación de la práctica profesional*. Buenos Aires: Noveduc.

COSTA, F. e PERALTA, H. (2001). "E-learning: Formação de formadores para a construção de contextos de aprendizagem significativa". *In*: ESTRELA, A. e FERREIRA, J. *Tecnologias em educação*. Lisboa: Secção Portuguesa da Afirse.

COSTA, F. e PEREIRA, C. (2003). "Formação inicial de professores na área das TICs: Um curso de formação de formadores". *In*: ESTRELA, A. e FERREIRA, J. (orgs.). *A formação dos professores à luz da investigação*. Lisboa: Secção Portuguesa da Afirse.

CRUZ, I. *et al.* (2003). *A declaração de Bolonha e a formação inicial de professores nas universidades portuguesas*. Lisboa: Crup.

CURY, C.R.J. (2002). *Legislação educacional brasileira*. 2ª ed. Rio de Janeiro: DP&A.

DELEUZE, G. e GUATTARI, F. (1997). *Mil platôs: Capitalismo e esquizofrenia, v. 5*. Rio de Janeiro: Ed. 34.

DELORS, J. (org.) (1998). *Educação: Um tesouro a descobrir*. São Paulo/ Brasília: Cortez/MEC/Unesco.

DEL PRETTE, Z.A.P. *et al.* (1998). "Habilidades sociais do professor em sala de aula: Um estudo de caso". *Psicol. Reflex. Crit.*, v. 11, n. 3. Porto Alegre. [Disponível na internet: http://www.scielo.br/scielo.php?script=sci_arttext&pid=S0102-79721998000300016&lng=en&nrm=iso, acesso em 8/8/2012.]

DENIS, B.; WATLAND, P.; PIROTTE, S. e VERDAY, N. (2004). "Roles and competencies of the e-tutor". *Networked Learning Conference*. Londres: Lancaster University. [Disponível na internet: http://www.networkedlearningconference.org.uk/past/nlc2004/proceedings/symposia/symposium6/denis_et_al.htm, acesso em out./2012.]

DIAS, J.R. (2002). "A formação pedagógica dos professores do ensino superior". *In:* REIMÃO, C. (org.). *A formação pedagógica dos professores do ensino superior.* Lisboa: Colibri.

DIDIER, M.F.; DUPONT, F. e USAI, M.F. (1991). "Emploi du temps souple et rythme individuel. Expériences de Nice et de Marseille. D'après le compte-rendu de séance des professeurs". *Temporalistes*, n. 18 (A propos du colloque école et temps), out.

DÖDING, M.D.; MENDES, R.B.Z. e KOVALSKI, S. (2003). "O papel do monitor em cursos a distância através da internet". *VII Congresso de educação a distância* (Cread). Mercosul. Florianópolis. [Disponível na internet: http://aprendizadocontinuo.blogspot.com.br/2007/06/o-papel-do-monitor-em-cursos-distncia.html, acesso em out./2012.]

DÓRIA, T. (2010). Era pós-PC, segundo Ray Ozzie. [Disponível na internet: http://www.cdznet.com.br/index.php?pagina=noticia&id=38, acesso em out./2012.]

DUBAR, C. (s.d.). "L'articulation des temporalités dans la construction des identités personnelles: Questions de recherche et problèmes d'interprétation". *Temporalistes,* n. 44, Paris: Centre de Recherche en Gestion/École Polytechnique. [Disponível na internet: http://temporalistes.socioroom.org/spip.php?page=archive&id_article=278, acesso em ago./2012.]

DUCH, B.J.; GROH, S.E. e ALLEN, D.E. (orgs.) (2001). *The power of problem-based learning.* Sterling: Stylus.

ECO, U. (2003). "Alguns mortos a menos". *O Estado de S. Paulo,* 10/8, p. A16.

ESAINS, V. (2008). "El LMS del futuro responderá diferencialmente a cada estudiante". *Learning Review*, n. 2, informe especial. [Disponível na internet: http://www.learningreview.com/tecnologias-para-e-learning-2008/1327-el-lms-del-futuro-responderiferencialmente-a-cada-estudiante, acesso em out./2012.]

ESPAÑA (1994). "Real Decreto 2005/1986", de 25 de setembro. *Boletim Informativo de Professores. Normativas sobre el profesor-tutor.* Madri/Uned: Impresos y Revistas.

EUROPEAN COMMISSION (2010). Communication from the Commission Europe 2020: A strategy for smart, sustainable and inclusive growth. [Disponível na internet: http://ec.europa.eu/eu2020/pdf/COMPLET%20 EN%20BARROSO%20%20%20007%20-%20Europe%202020%20-%20 EN%20version.pdf, acesso em jul./2012.]

FERMOSO, P. (1994). *Pedagogia social. Fundamentación científica.* Barcelona: Helder.

FERREIRA, M.E.M.P. (2006). "Ser educador, o que significa isso?". Um estudo do sentido do ser educador para as formandas de pedagogia, curso que hoje apresenta a perspectiva de atuação na educação informal. *I Congresso Internacional de Pedagogia Social. Anais eletrônicos.* São Paulo: Faculdade de Educação, Universidade de São Paulo. [Disponível na internet: http://www.proceedings.scielo.br, acesso em ago./2007.]

FILIPEC, J. (1994). "Temps et développement". *Temporalistes,* n. 27, set.

FONTELA, M. (2008). "E-learning y estratégias de transformación". *Learning Review,* n. 2, informe especial, p. 38. [Disponível na internet: http://www. learningreview.com/tecnologias-para-e-learning-2008/1325-e-learning-y-estrategias-de-transformaci, acesso em out./2012.]

FREIRE, P. (1979). *Ação cultural para a liberdade.* 4ª ed. Rio de Janeiro: Paz e Terra.

_____ (1980). *Pedagogia do oprimido.* 8ª ed. Rio de Janeiro: Paz e Terra.

_____ (2001). *Pedagogia da autonomia: Saberes necessários à prática educativa.* Rio de Janeiro: Paz e Terra.

FREIRE, P. e MACEDO, D. (1994). *Alfabetização: Leitura do mundo, leitura da palavra.* Rio de Janeiro: Paz e Terra.

FREITAS, H.C.L. (1999). "A reforma do ensino superior no campo da formação dos profissionais da educação básica: As políticas educacionais e o movimento dos educadores". *Educação e Sociedade,* n. 68. Campinas: Cedes.

_____ (2002). "Formação de professores no Brasil: 10 anos de embate entre projetos de formação". *Educação e Sociedade,* v. 23, n. 80, ago.

_____ (2003). "Certificação docente e formação do educador: Regulação e desprofissionalização". *Educação e Sociedade,* v. 24, n. 85, dez., pp. 1.095-1.124.

FUENTE, M. de la e RIOS RAMÍREZ, J.G. (2000). *Programas institucionales de tutoría: Una propuesta de la anuies para su organización y funcionamiento en las instituciones de educación superior.* Texas: Asociación Nacional de Universidades e Intituiciones de Educación Superior. (Coleccíon Biblioteca de la Educación Superior)

GARCIA, T.M.F.B. (1999). "A riqueza do tempo perdido". *Educação e Pesquisa*, v. 25, n. 2, jul.-dez. São Paulo. [Disponível na internet: http://redalyc.uaemex.mx/src/inicio/ArtPdfRed.jsp?iCve=29825209, acesso em out./2012.]

GARCÍA ARETIO, L. (1994). *Educación permanente: Educación a distancia hoy.* Madri: Universidad Nacional de Educación a Distancia/Los Herreros.

_____ (2005a). *Internet como base de la cátedra Unesco de educación a distancia. Bases para una pedagogía humanista.* Barcelona: Uned-PPU.

_____ (2005b). "Aprendizaje en red. En sociedad de la información en el siglo XXI: Un requisito para el desarrollo". *Reflexiones y conocimiento compartido*, v. 2. Madri: Ministerio de Industria, Turismo y Comercio/ Centro de Publicaciones.

GASPARINI, G. (1990). "Des cadres temporels anciens aux nouveaux". *Temporalistes*, n. 13, jan., p. 16.

_____ (1995). "Urgence: Quelques notes éparses". *Temporalistes*, n. 29, mar., pp. 16-17. [Disponível na internet: http://temporalistes.socioroom. org/spip.php?page=archive&id_article=200.]

_____ (1996). "Tempo e trabalho no ocidente". *In*: CHANLAT, J.-F. (org.). *O indivíduo na organização: Dimensões esquecidas, v. 3.* São Paulo: Atlas, pp. 111-126.

GATTI, B.A. e NUNES, M.M. (orgs.) (2008). "Formação de professores para o ensino fundamental: Instituições formadoras e seus currículos". Relatório de pesquisa. São Paulo: Fundação Carlos Chagas/Fundação Victor Civita.

GIROUX, H.A. (1997). *Os professores como intelectuais: Rumo a uma pedagogia da aprendizagem.* Porto Alegre: Artmed.

GOHN, M.G. (1999). "Terceira via, terceiro setor e ONG's: Espaços de um novo associativismo". *In*: GOHN, M.G. *Educação não formal e cultura política: Impactos sobre o associativismo do terceiro setor.* São Paulo: Cortez, pp. 65-90.

GRACIANI, M.S.S. (2006). "Pedagogia social: Impasses, desafios e perspectivas em construção". *I Congresso Internacional de Pedagogia Social. Anais eletrônicos.* São Paulo: Faculdade de Educação, Universidade de São

Paulo. [Disponível na internet: http://www.proceedings.scielo.br/scielo.
php?script=sci_arttext&pid=MSC0000000092006000100038&lng=pt&
nrm=iso&tlng=pt, acesso em out./2012.]

GROSSIN, W. (1998). "Temps, vitesses, accélérations, urgences et recherches".
Temporalistes, n. 38, out., pp. 3-4.

GROSSMAN, P. (1990). *The making of a teacher*. Nova York: Teachers College
Press.

GUTIERREZ, F. e PRIETO, D. (1994). *A mediação pedagógica*. Campinas:
Papirus.

HAMANN, R. (2012). Por que a Coreia do Sul tem a melhor internet
do mundo. [Disponível na internet: http://www.tecmundo.com.br/
internet/17506-por-que-a-coreia-do-sul-tem-a-melhor-internet-do-mundo.
htm#ixzz22fs5JWKn, acesso em ago./2012.]

HANNA, D.E.; GLOWACKI-DUDKA, M. e CONCEIÇÃO-RUNLEE, S.
(2000). *147 pratical tips for teaching online groups*. Madison: Atwood.

HARASIM, L., STARR, R., TUROFF, M. e TELES, L. (1995). *Learning networks:
A field guide to teaching and learning online*. Cambridge: MIT Press.

HELLER, A. (1977). *Sociologia de la vida cotidiana*. Barcelona: Península.

HERNÁNDEZ GUTIÉRREZ, M.; RUIZ VILLAR, M.C. e VALENCIA
MARTHÉN, R. (2000). *La tutoria academica: Una estrategia para la
adquisición de valores*. Xalopa: Universidad Veracruzana. [Disponível
na internet: http://www.uv.mx/iiesca/revista/documents/tutoria2000.pdf,
acesso em ago./2012.]

HOFMANN, J. (2005). Blended learning case study. Learning Circuits, ASTD.
[Disponível na internet: http://learningcircuits.org/2001/apr2001/hofmann.
html, acesso em jun./2005.]

HORTZ, M.L.M. (2006). "Lições de pedagogia empresarial". MH Assessoria
Empresarial: Especializada em Relações Humanas, maio. Sorocaba.
[Disponível na internet: http://www.mh.etc.br, acesso em jul./2010.]

HUSTI, A. (2005). "L'organisation du temps à l'école". *Temporalistes*,
n. 3. Paris: Centre de Recherche en Gestion. École Polytechnique,
pp. 8-11. [Disponível na internet: http://temporalistes.socioroom.org/spip.
php?page=archive&id_article=64.]

INOUE, V. (2008). "Tecnologías para e-learning: Introducción y escenario
actual". *Learning Review*, n. 2, informe especial, pp. 16-17. [Disponível

na internet: http://www.learningreview.com/tecnologias-para-e-learning-2008/1337-tecnolog-para-e-learning-introducci-escenario-actual, acesso em out./2012.]

INTERNATIONAL TELECOMMUNICATION UNION (ITU) (2010). The world in 2010. [Disponível na internet: http://www.itu.int/ITU-D/ict/material/FactsFigures2010.pdf, acesso em out./2012.]

INTERNET NO BRASIL (2010). Avelareduarte. [Disponível na internet: http://www.avellareduarte.com.br/projeto/conceituacao/conceituacao1/conceituacao14_internetBrasil2010.htm, acesso em fev./2011.]

JENKINS, H. (2010). Helping teachers learn about new media practices (parte 1). [Disponível na internet: http://henryjenkins.org/2010/05/helping_teachers_learn_about_n.html, acesso em out./2012.]

JONNAERT, Ph. (2002). *Compétences et socioconstructivisme*. Paris/Bruxelas: De Boeck-Université.

JONNAERT, Ph. e VANDER BORGHT, C. (1999). *Créer des conditions d'apprentissage. Un cadre de référence socioconstructiviste pour une formation didactique des enseignants*. Paris/Bruxelas: De Boeck-Université.

KENSKI, V.M. (2003). *Tecnologias e ensino presencial e a distância*. Campinas: Papirus.

_____ (2005-2006). "Gestão e uso das mídias em projetos de educação a distância". *Revista E-Curriculum*, v. 1, n. 1, dez.-jul. São Paulo. [Disponível na internet: http://revistas.pucsp.br/index.php/curriculum/article/view/3099, acesso em out./2012.]

_____ (2007). *Educação e tecnologias: O novo ritmo da informação*. Campinas: Papirus.

_____ (2008). "Educação e comunicação: Interconexões e convergências". *Educação e Sociedade,* v. 29, n. 104, pp. 647-666. Campinas: Cedes/Cortez. [Disponível na internet: http://www.scielo.br/scielo.php?script=sci_arttext&pid=S0101-73302008000300002&lng=pt&nrm=isso, acesso em 29/9/2011.]

_____ (2011). "Formação/ação de professores: A urgência de uma prática docente mediada". *In*: PIMENTA, S.G. e ALMEIDA, M.I. de (orgs.). *Pedagogia universitária: Caminhos para a formação de professores*. São Paulo: Cortez.

KENSKI, V.; VIANA, C.M.Q.Q.; CLEMENTINO, A. e BARROS, D. (2009). Políticas públicas educacionais para gestão democrática: Reflexões sobre os projetos de formação docente via educação a distância (EaD). XXIV Simpósio Brasileiro de Política e Administração da Educação, ago. Vitória: Anpae. [Disponível na internet: http://anpae.org.br/congressos_antigos/simposio2009/346.pdf, acesso em out./2011.]

KERCKHOVE, D. (1997). *A pele da cultura. Uma investigação sobre a nova realidade eletrônica.* Lisboa: Relógio D'Água.

KINCHELOE, J.L. (1997). *A formação do professor como compromisso político: Mapeando o pós-moderno.* Porto Alegre: Artmed.

KRICHESKY, M. (2010). "Pedagogía social: Un campo disciplinar en construcción. Un desarrollo curricular incipiente y una práctica con historia". *III Congresso Internacional de Pedagogia Social.* São Paulo, abr. Proceedings online. Associação Brasileira de Educadores Sociais (Abes). [Disponível na internet: http://www.proceedings.scielo.br/scielo. php?script=sci_arttext&pid=MSC0000000092010000100019&lng=en&nrm=abn, acesso em 2/7/2010.]

KUENZER, A.Z. (1999). "As políticas de formação: A construção da identidade do professor sobrante". *Educação e Sociedade,* n. 68. Campinas: Cedes.

LAGUARDIA, J.; PORTELA, M. e VASCONCELLOS, M. (2007). "Avaliação em ambientes virtuais de aprendizagem". *Educação e Pesquisa,* v. 33, n. 3, set.-dez. São Paulo, pp. 513-530.

LAKOFF, G. e JOHNSON, M. (2002). *Metáforas da vida cotidiana.* São Paulo: Mercado de Letras.

LEBRUN, M. e PRÉFONTAINE, C. (2000). *Aspects du français oral des futurs enseignants: Une étude exploratoire.* Quebec: Conseil de la langue française. [Disponível na internet: http://collections.banq.qc.ca/ark:/52327/bs48132, acesso em out./2012.]

LEITE, O.S.L. e DUARTE, J.B. (2008). "Aprender a ler o mundo: Adaptação do método de Paulo Freire na alfabetização de crianças". *Revista Acoalfa plp: Acolhendo a Alfabetização nos Países de Língua Portuguesa,* ano 3, n. 5, set. São Paulo. [Disponível na internet: http://www.acoalfaplp. net/0005acoalfaplp/a003n0005n01alfcrian01.html, acesso em mar./2010.]

LENOIR, Y. e BRU, M. (orgs.) (2010). *Les référentiels de formation à l'enseignement: Quels référentiels pour quels curriculums?.* Toulouse: Éditions Universitaires du Sud.

LEARNING REVIEW (2008). Disponível na internet: http://www.learningreview. es, acesso em out./2008.

LÉVY, P. (1993). *As tecnologias da inteligência. O futuro do pensamento na era da informática.* Rio de Janeiro: Ed. 34.

_____ (1998). *A inteligência coletiva: Por uma antropologia do ciberespaço.* São Paulo: Loyola.

_____ (1999). *Cibercultura.* Rio de Janeiro: Ed. 34.

LEYDESDORFF, H. e ETZKOWITZ H. (orgs.) (1997). *A triple helix of university-industry-government relations. The future location of research: Book of abstracts.* Nova York: Science Policy Institute, State University of New York.

LEWIS, M. (2001). *Next: The future just happened.* Nova York: W.W. Norton.

LIBÂNEO, J.C. (1999). *Pedagogia e pedagogos, para quê?.* São Paulo: Cortez.

_____ (2006). "Diretrizes curriculares da pedagogia: Imprecisões teóricas e concepção estreita da formação profissional de educadores". *Educação e Sociedade*, v. 27, n. 96, out., pp. 843-876.

LIMA, R.L. (2002). "A tutoria: Uma importante função na implementação de projetos de qualidade em EAD". *Salto para o futuro. Educação a distância na formação de professores.* Boletim. [Disponível na internet: http://www. tvebrasil.com.br/salto/boletins2002/ead/, acesso em out.-dez./2005.]

LITS, M. (1997). "Temps et récit médiatique". *Temporalistes*, n. 36, dez. Paris: Centre de Recherche en Gestion/École Polytechnique. [Disponível na internet: http://temporalistes.socioroom.org/spip.php?page=archived&id_ article=269, acesso em ago./2012.]

LOPES, A.C. e DIAS, R.E. (2003). "Competências na formação de professores no Brasil: O que (não) há de novo". *Educação e Sociedade*, v. 24, n. 85, dez.

LORENZETTI, L. e DELIZOICOV, D. (2011). Alfabetização científica no contexto das séries iniciais. [Disponível na internet: http://educar.sec. ba.gov.br/todospelaescola/wp-content/uploads/2011/04/alfabetizacao_ cientifica.pdf, acesso em ago./2012.]

LYOTARD, J.F. (1991). *O pós-moderno.* Rio de Janeiro: José Olympio.

LUNDVALL, B. e BORRÁS, S. (2004). "Science, technology and innovation policy". *In*: FAGERBERG, J.; MOWERY, D.C. e NELSON, R.R. (orgs.). *The handbook of innovation.* Nova York: Oxford University Press.

MACEDO, E. (2000). "Formação de professores e diretrizes curriculares nacionais: Para onde caminha a educação?". Anped. São Paulo.

MARQUES, J.B. (2008). "O conceito de temporalidade e sua aplicação na historiografia antiga". *Rev. Hist.*, n. 158, jun. São Paulo. [Disponível na internet: http://www.revistasusp.sibi.usp.br/scielo.php?script=sci_arttext&pid=S0034-83092008000100002&lng=pt&nrm=iso, acesso em 3/8/2012.]

MARTINET, M.A.; RAYMOND, D. e GAUTHIER, C. (2001). *Teacher training orientations professional competencies.* Quebec: Gouvernement du Québec/Ministère de l'Éducation.

MASUDA, M.O. (2003). "O sistema de tutoria nos cursos do centro de educação superior a distância do estado do Rio de Janeiro". *Salto para o futuro. Educação a distância na universidade do século XXI.* Boletim. [Disponível na internet: http://www.inmetro.gov.br/painelsetorial/palestras/Masako_Oya_Masuda_%20EaD_Modelo_Consorcio_CEDERJ.PDF, acesso em jul./2008.]

MASUDA, Y. (1995). "La sociedad informatizada como sociedad postindustrial". *Anthropos. Revista de documentación científica de la cultura*, n. 164 (Invención informática y sociedad. La cultura occidental y las máquinas pensantes). Barcelona: Anthropos, p. 20.

MCLUHAN, M. (1996). *Os meios de comunicação como extensões do homem.* São Paulo: Cultrix.

MEISTER, J.C. (1999). *Educação corporativa.* São Paulo: Makron Books.

MÉNDEZ-ESTRADA, V.H. e MONGE-NÁJERA, J. (2001). "Los tutores regionales en la Uned: Una evaluación del programa". Informe de investigación. São José: Universidad Estatal a Distancia. Centro de Investigación Académica.

MENEZES, G. de M. (2003). "A tutoria no curso de licenciatura em educação básica no núcleo de educação aberta e a distância – Nead/Ufop". *Salto para o futuro. Educação a distância na universidade do século XXI.* Boletim. [Disponível na internet: http://www.tvebrasil.com.br/salto/, acesso em out.-dez./2005.]

MERLEVEDE, P.E. e BRIDOUX, D.C. (2008). *Dominando o mentoring e o coaching.* Rio de Janeiro: Qualitymark.

MILARE, S.A. e YOSHIDA, E.M.P. (2007). "Coaching de executivos: Adaptação e estágio de mudanças". *Psicologia. Teoria e prática*, v. 9, n. 1, jun., São Paulo. [Disponível na internet: http://pepsic.bvsalud.org/scielo. php?script=sci_arttext&pid=S1516-36872007000100007&lng=pt&nrm= iso, acesso em jul./2010.]

MOORE, M.L. e KEARSLEY, G. (2001). *Distance education: A systems view.* Toronto: Thomson Wadsworth.

MOREIRA, A.C. (2005). "O problema da co-especialização no desenvolvimento colaborativo de novos produtos". *Revista Produção*, v. 15, n. 1, jan.-abr., pp. 23-33. [Disponível na internet: http://www.scielo.br/pdf/prod/v15n1/ n1a02.pdf.]

MORIN, E. (2000). *A cabeça bem-feita: Repensar a reforma. Repensar o pensamento.* Rio de Janeiro: Bertrand Brasil.

MUILENBURG, L.Y. e BERGE, Z.L. (2001). "Barriers to distance education: A factor-analytic study". *The American Journal of Distance Education*, v. 15, n. 2. [Disponível na internet: http://www.schoolofed.nova.edu/dll/ Module3/Muilenberg.pdf, acesso em ago./2012.]

MUIRHEAD, B (2001). "Interactivity research studies". *Educational Technology & Society*, v. 4, n. 3.

NETWORK TIME PROTOCOL (s.d.).O tempo. [Disponível na internet: http:// ntp.br/NTP/MenuNTPTempo.]

NOGUEIRA, R. dos S. (2005). A importância do pedagogo na empresa. [Disponível na internet: http://www.pedagogiaemfoco.pro.br/pemp03. htm, acesso em jul./2010.]

NÓVOA, A. (2009). "Para una formación de professores construida dentro de la profésion". *Revista de Educación*, n. 350, Ministério de Educación/ Secretaria de Estado de Educación y Formación Profesional, set.-dez. [Disponível na internet: http://www.revistaeducacion.mec.es/re350/ re350_09.pdf, acesso em out./2012.]

_____ (2010). "Profissão: Docente". Entrevista concedida via *e-mail* ao repórter Paulo de Camargo. *Revista Educação*, n. 154, nov. [Disponível na internet: http://revistaeducacao.uol.com.br/formacao-docente/154/ artigo234711-1.asp.]

NUNES, C. (2000). "Formação docente no Brasil: Entre avanços legais e recuos pragmáticos". *Teias*, n. 1. Rio de Janeiro: Faculdade de Educação da Uerj.

NÚÑEZ, R. e SWEETSER, E. (2006). "With the future behind them: Convergent evidence from aymara language and gesture in the crosslinguistic comparison of spatial construals of time". *Cognitive Science*, v. 30, n. 3, pp. 401-450.

PALLOFF, R. e PRATT, K. (2003). *The virtual student: A profile and guide to working with online learners*. São Francisco: John Wiley & Sons.

PARKER, J.K. (s.d.). Teaching tech-savvy kids: Bringing digital media into the classroom. [Disponível na internet: http://teachingtechsavvykids.com/.]

PATRÍCIO, M.F. (2002). "Formação de professores no ensino superior: Urgência, problemas e perspectivas – Da formação de professores no ensino superior à formação dos professores do ensino superior". *In*: REIMÃO, C. (org.). *A formação pedagógica dos professores do ensino superior*. Lisboa: Colibri.

PAULA, E.M.A.T. e MACHADO, É.R. (2009). A pedagogia social na educação: Análise de perspectivas de formação e atuação dos educadores sociais no Brasil. [Disponível na internet: http://www.proceedings.scielo.br/scielo. php?pid=MSC0000000092008000100005&script=sci_arttext, acesso em abr./2009.]

PERSSON, M. (org.) (2006). *A vision of european teaching and learning: Perspectives on the new role of the teacher*. Karlstadt: City Tryck i Karlstadt. [Disponível na internet: http://core.kmi.open.ac.uk/download/ pdf/67039, acesso em ago./2012.]

PETERS, O. (2003a). *A educação a distância em transição: Tendências e desafios*. São Leopoldo: Ed. da Unisinos.

_____ (2003b). *Didática do ensino a distância*. São Leopoldo: Ed. da Unisinos.

PETRUS, A. (org.) (1997). *Pedagogia social*. Barcelona: Ariel.

PICARD, M. (1989). *Lire le temps*. Paris: Minuit.

PIMENTA, P.C.C. (2003). *Processos de formação combinados*. Porto: SPI. [Disponível na internet: https://repositorium.sdum.uminho.pt/ handle/1822/2301?mode=full.]

PIMENTA, S.G. (org.) (2001). *Pedagogia, ciência da educação*. São Paulo: Cortez.

PORTER, L.R. (1997). *Creating the virtual classroom: Distance learning with the internet*. Nova York: John Wiley & Sons.

POSTER, M. (1995). Cyber democracy: Internet and the public sphere. [Disponível na internet: http://www.humanities.uci.edu/mposter/writings/ democ.html, acesso em 5/8/2003.]

PRETI, O. (2002). "Apoio à aprendizagem: O orientador acadêmico". *Salto para o futuro. Educação a distância na formação de professores*. Boletim. [Disponível na internet: http://www.nescon.medicina.ufmg.br/biblioteca/imagem/2495.pdf.]

_____ (2003). "O sistema de orientação acadêmica no curso de pedagogia a distância na Universidade Federal de Mato Grosso". Relatório de pesquisa. Cuiabá: Universidade Federal do Mato Grosso/Instituto de Educação.

PRIMO, L. (s.d.). Avaliação de competências em cursos de EaD: Relato de experiência. [Disponível na internet: http://www.senac.br/informativo/BTS/313/boltec313f.html, acesso em out.-dez./2005.]

RADWANICK, S. (2010). Usuários da internet com idade entre 6 e 14 anos no Brasil passam 60% de seu tempo online em sites de comunicação e entretenimento. ComScore. [Disponível na internet: http://www.comscore.com/por/Press_Events/Press_Releases/2010/6/comScore_Expands_Capabilities_in_Brazil, acesso em out./2010.]

RAVANIS, K.; BALIAS, S.; KARALIS, T. e KOMIS, V. (2010). "La formation universitaire des enseignants du préscolaire et du primaire en Grèce: Évolutions et perspectives". *Revista de Formación e Innovación Educativa Universitaria*, v. 3, n. 1. [Disponível na internet: http://hepnet.upatras.gr/xfiles/articles/2010%20Ravanis,%20Balias,%20Karalis,%20Komis.pdf, acesso em fev./2011.]

RESENDE, L.M.G. e VEIGA, I.P.A. (1998). *Escola: Espaço do projeto político-pedagógico*. Campinas: Papirus.

ROSE, S. (1994). *La mémoire: Des molécules à l'esprit*. Paris: Seuil.

SÁCRISTAN, J.G. (2000). *O currículo: Uma reflexão sobre a prática*. 3ª ed. Porto Alegre: Artmed.

SALGADO, M.U.C. (2003). "Orientação acadêmica e tutoria nos cursos de graduação a distância". *Salto para o futuro. Educação a distância na universidade do século XXI*. Boletim. [Disponível na internet: http://www.tvebrasil.com.br/salto/, acesso em: jun./2009.]

SALMON, G. (s.d.). All things in moderation. [Disponível na internet: http://www.atimod.com/, acesso em: out.-dez./2005.]

_____ (2003). *E-moderating: The key to teaching and learning online*. 2ª ed. Nova York: Routledge/Falmer.

SAMMONS, P., HILLMAN, J. e MORTIMORE, P. (1995). *Key characteristics of effective schools: A review of school effectiveness research.* Londres: Ofsted.

SANTOS, E.O. (2003). "Ambientes virtuais de aprendizagem: Por autorias livres, plurais e gratuitas". *Revista FAEBA*, v. 12, n. 18. [Disponível na internet: http://www. comunidadesvirtuais.pro.br/hipertexto/home/ava.pdf.]

SAUL, A.M. (1994). *Avaliação emancipatória: Desafios à teoria prática de avaliação e reformulação de currículo.* São Paulo: Cortez.

SCHEIBE, L. (2003). "Políticas para a formação dos profissionais da educação neste início de século: Análise e perspectivas". Anped. São Paulo.

_____ (2006). "Formação de professores: Dilemas da formação inicial a distância". *Educere et Educare: Revista de Educação*, v. 1, n. 2, jul.-dez. Cascavel: Unioeste, pp. 199-212.

SCHEIBE, L. e AGUIAR, M.A. (1999). "Formação de profissionais da educação no Brasil: O curso de pedagogia em questão". *Educação e Sociedade,* v. 20, n. 68. [Disponível na internet: http://www.scielo.br, acesso em jun./2008.]

SCHÖN, D. (1995). "Formar professores como profissionais reflexivos". *In:* NÓVOA, A. (org.). *Os professores e sua formação.* 2ª ed. Lisboa: Dom Quixote.

SEBRAE (2001). "Referenciais para uma nova práxis educacional". 2ª ed. Documento digitado. Versão em PDF. Nov./2001

_____ (2005). "Educação Sebrae pela internet. Manual do tutor". Versão preliminar. Documento em PDF. Ago./2005.

_____ (2006-2010). Conselho Deliberativo Nacional. "Direcionamento estratégico do sistema Sebrae 2006/2010". Texto digitado. Versão em PDF.

SENAI. DN. (2002a). *Metodologia para elaboração de desenho curricular baseado em competências.* Brasília: Senai.

_____ (2002b). *Metodologia [para] elaboração de perfis profissionais.* Brasília.

_____ (2002c). *Metodologia [de] avaliação e certificação de competências.* Brasília.

SIEMENS, G. (2004). Conectivismo: Uma teoria de aprendizagem para a idade digital. [Disponível na internet: http://usuarios.upf.br/~teixeira/livros/conectivismo%5Bsiemens%5D.pdf, acesso em nov./2012.]

SILVA, E.T. (2005*). Magistério e mediocridade.* São Paulo: Cortez.

SILVA, M. (org.) (2003). *Educação online.* São Paulo: Loyola.

SILVA, N. (2006-2007). "'Alfabetização' e 'letramento': Construção de novos significados". *Revista Acolhendo a Alfabetização nos Países de Língua Portuguesa,* v. 1, set./2006-fev./2007. [Disponível na internet: http:// redalyc.uaemex.mx/pdf/879/87910105.pdf, acesso em out./2012.]

SIMÃO, J.V., SANTOS, S.M. e COSTA, A.A. (2002). *Ensino superior: Uma visão para a próxima década.* Lisboa: Gradiva.

SIMÕES, M. (2009). "Internet. Há 40 anos começava o século 21". *Telecom.,* n. 228, ano 22. São Paulo: Plano Editorial.

SPINNEY, L. (2005). "How time flies". *The Guardian,* fev. Londres. [Disponível na internet: http://www.guardian.co.uk/science/2005/feb/24/4, acesso em abr./2009.]

STALDER, F. (1998). The logic of networks: Social landscapes vis-à-vis the space of flows. [Disponível na internet: http://www.ctheory.net/text_file. asp?pick=263, acesso em 5/8/2003.]

SUROWIECKI, J. (2006). *A sabedoria das multidões.* São Paulo: Record.

TARDIF, M. (2002). *Saberes docentes e formação profissional.* Petrópolis: Vozes.

TEECE, D.J. (2009). *Dynamic capabilities & strategic management.* Nova York: Oxford University Press.

THORNE, K. (2003). *Blended learning.* Londres: Kogan Page.

TO BE GUARANY (s.d.). Estatísticas, dados e projeções atuais sobre a internet no Brasil. [Disponível na internet: http://www.tobeguarany.com/ internet_no_brasil.php.]

TOFFLER, A. e TOFFLER, H. (2003). "Os pântanos de nanossegundos". *O Estado de S. Paulo.* Internacional, 10/8/2003.

TORRELLI, F. (1995). "Anthropologie du temps: Présentation". *Temporalistes,* n. 29, mar., pp. 3-4. Paris: Centre de Recherche en Gestion/École Polytechnique.

TOVAR, L.M.A. (2007). "Habilidades sociales en la formación profesional del docente". *Investigación Educativa,* v. 11, n. 20, jul.-dez., pp. 115-128. [Disponível na internet: http://sisbib.unmsm.edu.pe/bibvirtualdata/ publicaciones/inv_educativa/2007_n20/a09v11n20.pdf.]

TOZETTO, S.S. (2011). "Os saberes docentes no processo de alfabetização". *Revista Acolhendo a Alfabetização nos Países de Língua Portuguesa*, v. 10, mar.-ago. [Disponível na internet: http://www.acoalfaplp.net/0010acoalfaplp/a005nn0010n03fundeducalfab01.html, acesso em abr./2011.]

TURKLE, S. (1997). *A vida no écrã: A identidade na era da internet*. Lisboa: Relógio d'Água.

UFMT (1996). Instituto de Educação. Núcleo de Educação Aberta e a Distância. "Formação de orientadores acadêmicos para a educação a distância". Cuiabá. (Mimeo.)

UNED (1994). "Reglamento del profesor-tutor de la Uned", jul./1990. *Boletin Informativo de Profesores*. Normativas sobre el profesor-tutor. Madri: Impresos y Revistas.

UNESCO (2004). Políticas públicas de/para/com as juventudes. Brasília. [Disponível na internet: unesdoc.unesco.org/images/0013/001359/135923por.pdf, acesso em maio/2006.]

UNIÃO EUROPEIA (1997). Construir a sociedade europeia da informação para todos. Relatório final do Grupo de Peritos de Alto Nível. [Disponível na internet: http://www.youscribe.com/catalogue/rapports-et-theses/savoirs/construir-a-sociedade-europeia-da-informacao-para-todos-1272549, acesso em set./2012.]

VARGAS, D.J. (2002). "A orientação acadêmica na educação a distância: O trabalho do leitor intermediário". Dissertação de mestrado. Cuiabá: Universidade de Cuiabá.

VEIGA, I.P.A. (org.) (1996). *Projeto político-pedagógico da escola: Uma construção possível*. Campinas: Papirus.

VIEIRA, A.M.D.P. e MARON, N.M. (2002). "O pedagogo e a aprendizagem empresarial". *Revista Ciência e Cultura*, n. 28, mar., p. 32.

VIRILIO, P. (1996). *A arte do motor*. São Paulo: Estação Liberdade.

VON SIMSON, O.R.M., PARK, M.B. e FERNANDES, R.S. (orgs.) (2001). *Educação não-formal: Cenários de criação*. Campinas: Ed. da Unicamp, Centro de Memória, pp. 9-39.

WERTHEIN, J. e CUNHA, C. (2004). *Investimentos em educação, ciência e tecnologia: O que pensam os economistas*. Brasília: Unesco/MEC.

ZAKHARTCHOUK, J.-M. (1999). *L'enseignant, un passeur culturel*. Paris: ESF.

APÊNDICE

Casos do cotidiano

Entre tempos e movimentos

Pausa para reflexão com base em pequenas histórias. Momentos distintos. Uma breve parada no tempo linear da leitura para pensar em acontecimentos simples, mas de múltiplas temporalidades. Para refletir e trocar ideias e posições a qualquer momento. Otimizando o tempo.

Pare e pense. Reflita e discuta.

1. Já no primeiro dia de aula o professor estranhou o comportamento de um aluno. Ele não falava, mas ficava mexendo no *tablet* a aula inteira. Na terceira aula, o professor ironizou: "Quem vai falar agora sobre este assunto é o nosso amigo do *tablet*", disse no meio da sala. O aluno virou e, calmamente, começou a falar o que estava pesquisando, naquele momento, na internet, a respeito do assunto em questão. E mostrou ao professor, perplexo, e aos colegas a base de dados que estava construindo, a partir das aulas, sobre os temas da disciplina.

2. No *chat* com voz, um aluno apresenta as suas reflexões sobre EaD. Ele diz: "Há um grande equívoco quando se opõem ensino presencial e a distância. Isso porque o contrário de distante é próximo e o

contrário de presente é ausente". E conclui: "Muitas vezes, o aluno está fisicamente próximo do professor, mas está distante do que está sendo tratado na aula. Já na EaD, o aluno está distante fisicamente, mas é obrigado a estar próximo dos conteúdos e atividades, pelo menos".

3. Envolvido nas interações com amigos, no computador, o homem não vê a criança que brinca ao seu lado, que cai e se machuca. Desperto pelo choro, o homem descobre que está distante de sua realidade próxima. Está em outro lugar, outro tempo, outro espaço. Após os primeiros cuidados com a criança, o homem retorna ao computador e se conecta com o médico da família que lhe orienta sobre o que fazer. O homem busca o telefone da farmácia mais próxima, que lhe encaminha os medicamentos solicitados, que ele paga com cartão com *chip*. Imediatamente seu celular recebe a notificação da compra feita. O homem relata na rede social todos os acontecimentos e recebe imediatamente mensagens de apoio de pessoas conhecidas e desconhecidas, que se encontram em diferentes lugares, em todas as partes do planeta. Em poucos minutos, o acidente doméstico já é notícia para pessoas de todo o mundo. A criança, medicada, agora dorme. Sua foto mais tranquila já circula pelas redes. Uma relação pontual com espaços-tempos não excludentes que se interligam, interpenetram, como camadas que dialogam entre si.

4. Participando de um fórum de discussões, a mulher recupera um tema posto dias atrás e encaminha uma mensagem em que faz a referência a um vídeo que está disponível na internet. O homem lê a mensagem no fórum e acessa o vídeo. Descobre o *e-mail* do diretor estrangeiro do filme e lhe manda mensagem. O diretor lhe responde pouco tempo depois. O homem envia a mensagem do diretor para o fórum, retomando a discussão. A mensagem é recuperada pela mulher para uso profissional, como citação, na matéria que escreve para um jornal e que também publica em um *blog*. A matéria é encaminhada como *link* para o fórum e para o diretor, que se inspira no circuito para o roteiro de um novo vídeo.

5. A mensagem já chega com um arquivo anexo. O convite é irresistível. Escrever colaborativamente um artigo para um congresso internacional. O tempo é curto, curtíssimo. Dois dias apenas, ou melhor, o final de semana para encerrar o artigo e enviar. Após ler o arquivo anexo, o professor aceita participar. Redimensiona atividades, despacha família e filhos, cancela passeios. Pesquisa, redige, lê e relê. Envia sua parte, que é complementada pelo parceiro. Retorna o texto com as complementações e as novas revisões. Domingo à tarde, envia o artigo, finalmente. Comemora: "Conseguimos, oba!". No mesmo momento, a família chega. Todos sorridentes e corados

depois do final de semana na praia. O professor fica indeciso. Não sabe se ganhou ou se perdeu um tempo, que não volta mais.

6. A professora assume a tutoria *on-line*. Comenta feliz que a nova função não vai atrapalhar suas atividades rotineiras. Acorda mais cedo e abre o fórum. Responde às mensagens antes de sair de casa para dar suas aulas no curso presencial. Almoça rápido para poder dispor de mais um tempinho para entrar no ambiente virtual do curso em que faz a tutoria. À noite, depois do jantar, retorna ao computador. É o melhor horário para – entre uma cochilada e outra – continuar a tutoria antes de ir dormir.

7. Ainda não havia concluído a graduação e já queria cursar a pós-graduação. Achava que só com o que já havia aprendido não teria condições de arranjar boas colocações no mercado. Lia o jornal para descobrir tendências e novas áreas de atuação. Seu foco era o sucesso e não o gosto pessoal. O que lhe daria mais dinheiro, mais poder, mais rápido. Fez cursos, vários cursos. Sabia muito de muitas coisas. Mas, depois do terceiro curso, começou a compreender que não bastavam todos os títulos obtidos em áreas desarticuladas. Era preciso mais foco, maior orientação, mais planejamento, talvez.

8. A professora avisa, no curso semipresencial, que a aula da semana seguinte será presencial. Os alunos de outras cidades se mobilizam para a viagem até o espaço educacional, em São Paulo. Um aluno, porém, pergunta no fórum: "Professor, posso assistir a aula por *webconferência*? É bem difícil, para mim, ir até o colégio. Moro do outro lado da cidade e não tenho dispensa do trabalho. Se for para a aula perco o dia e ainda não vou poder nem almoçar. Foi por isso que escolhi estudar a distância".

9. Muitas são as opções para buscar a formação e a atualização. Em primeiro lugar, tenho tempo para me deslocar até o espaço presencial ou vou fazer a distância? E a qualidade desses cursos, corresponde às minhas exigências e expectativas? Tenho tempo para ler e realizar todas as atividades previstas? Interagir com os demais participantes? Sou proativo e gosto de conversar com as pessoas *on-line*?

10. São quase três horas da manhã. O autor coloca um ponto final no texto, após rever mais uma vez todas as cuidadosas anotações feitas pelos editores. Considera que o texto está pronto e o encaminha por *e-mail* para a editora. Não há como retardar o processo porque o trabalho é integrado e em equipe. Prazos. Sabe que muitos outros profissionais estão aguardando o texto para montar a publicação. Na manhã seguinte, os editores já vão ter o trabalho em mãos. O autor se prepara para descansar. Um longo dia de aulas o espera ao amanhecer.

Especificações técnicas

Fonte: Times New Roman 11 p
Entrelinha: 14 p
Papel (miolo): Offset 75 g
Papel (capa): Cartão 250 g